책 읽어주는
교실

책 읽어주는 교실

아이들을 책에 쏙 빠지게 하는 독서교육, 어떻게 할까?

초 판 1쇄 2026년 01월 05일

지은이 박성우
펴낸이 류종렬

펴낸곳 미다스북스
본부장 임종익
편집장 이다경, 김가영
디자인 윤가희, 임인영
책임진행 이예나, 김요섭, 안채원, 김은진, 국소리

등록 2001년 3월 21일 제2001-000040호
주소 서울시 마포구 양화로 133 서교타워 711호
전화 02) 322-7802~3
팩스 02) 6007-1845
블로그 http://blog.naver.com/midasbooks
전자주소 midasbooks@hanmail.net
페이스북 https://www.facebook.com/midasbooks425
인스타그램 https://www.instagram.com/midasbooks

ⓒ 박성우, 미다스북스 2026, *Printed in Korea*.

ISBN 979-11-7355-637-1 03370

값 18,500원

책 읽어주는 교실

아이들을 책에 쏙 빠지게 하는 독서교육,
어떻게 할까?

박성우 지음

미다스북스

요즘은 도서 관련 매체가 아니면 독서 실태에 관한 기사를 보기 힘들지만, 예전에는 일반 대중 매스컴에서 나라별 독서량이나 독서율을 비교하는 기사를 종종 볼 수 있었습니다. 당시 보도를 보면 주로 스웨덴이나 핀란드 같은 북유럽 국가들이 독서량 상위권을 차지하였고, 그 이유로 잘 갖추어진 공공도서관 시스템을 들곤 했습니다. 그 기사를 보면서 '역시 복지국가는 도서관도 잘 갖추고 있구나!' 하고 감탄하곤 했습니다. 그런데 이들 나라에 지속적으로 관심을 가지고 자료를 찾아보다 북유럽 국가들은 일찍부터 자녀에게 책을 읽어주는 문화가 자리 잡고 있다는 것을 알게 되었습니다.

몇 해 전 방송에서 오바마 대통령이 자신이 어릴 때 재미있게 읽은 책을 챙겨서 백악관에 초대받은 아이들이나 학교를 방문하여 만난 아이들에게 읽어주는 모습을 인상 깊게 보았던 기억이 납니다. 이처럼 북유럽뿐만 아니라 경제가 일찍 발전한 서유럽과 북미 나라에서도 일찍부터 가정이나 학교에서 아이들에게 책을 꾸준히 읽어주고 있습니다. 그 영향을 받아 우리나라에서도 아이들에게 책을 읽어주는 부모들이 점점 늘고 있습니다. 그러나 대부분 오래 가지 못하고 유아기 3년 정도 그림책을 읽어주는 것에 그치는 것 같습니다.

유아기나 취학 전 아동에게 책을 읽어주는 것뿐만 아니라, 초등학생에게 좋은 책을 가려 꾸준히 읽어주는 것은 학생들의 독서 흥미 고취와 독서 취향에 커다란 영향을 미칩니다. 특히 책을 좋아하지 않거나 책과 오랫동안 멀어져 있던 아이들에게 책을 읽어주면 부담 없이 책이 주는 재미를 느끼고 책을 가까이하게 됩니다. 특히 그림책을 주로 보는 저학년 아이들에게 줄글책을 읽어주면 그림책에서 줄글책으로 자연스럽게 넘어가게 됩니다. 그리고 고학년 아이들에게 장편을 읽어주면 장편이 주는 깊은 재미와 감동을 체험하고 긴 장편을 스스럼없이 선택하여 읽는 모습을 볼 수 있습니다.

이러한 책 읽어주기의 효과를 오랫동안 몸소 경험하면서 독서교육을 책임지고 있는 많은 교사와 어른들이 아이들에게 좋은 책을 가려 꾸준히 읽어주기를 바라는 마음으로 이 책을 쓰게 되었습니다.

1부에서는 아이들이 독서의 즐거움을 체험하고 스스로 책을 찾아 읽게 하는 방법으로 '책 읽어주기'를 제안하고, 그 교육적 효과와 이유에 대해 밝혔습니다. 2부에서는 책 읽어주기의 구체적인 방법과 시기, 아이들에게 적합한 책의 기준과 읽히고 싶은 장르를 제시했습니다. 3부에서는 책 읽어주기 외에 학생들의 독서 흥미를 높이고 책의 내용과 주제를 보다 깊이 탐색해 볼 수 있는 독서 활동을 담았습니다. 그리고 4부와 5부에서는 대상별로 아이들에게 꼭 읽히고 싶은 추천 도서를 하나씩 소개하고, 책을 읽고 나서 책에 대한 감상을 나누면서 이해를 점검하고 내용과 주제에 대해 깊이 생각해 볼 수 있는 이야깃거리를 담았습니다.

요즘 인터넷과 스마트폰이 필수품이 되면서 많은 아이들이 온라인 콘텐츠 소비의 즐거움에 빠지고 있습니다. 독서를 통해 느낄 수 있는 재미와 깊은 감동은 이러한 매체나 콘텐츠가 주는 재미와는 분명히 다르고, 그것이 우리 삶에 미치는 긍정적 영향력 또한 여전히 크다고 생각합니다. 아이들에게 책이 주는 재미와 감동을 되찾을 수 있도록 부모와 교사를 비롯한 많은 어른들이 책 읽어주기를 함께 실천했으면 좋겠습니다.

2025년 12월

저자 박성우

차 례

4부 아이들에게 꼭 읽히고 싶은 책 1
: 초등 2~4학년용

5부 아이들에게 꼭 읽히고 싶은 책 2
: 초등 5·6학년~중학생용

아이들에게 왜 책을 읽어주어야 할까

$\boxed{1}$

책과 점점 멀어지는 아이들

디지털 네이티브라 불리는 요즘 아이들에게 온라인은 이미 일상의 공간이 되었습니다. 스마트폰이 어른들뿐만 아니라 학생들의 필수품이 되면서 숏폼을 비롯한 동영상과 게임 같은 온라인 콘텐츠 소비 시간이 많이 늘어나고 친구들과의 대화와 소통도 소셜미디어(SNS)를 통해 일상적으로 이루어지고 있습니다.

한편, 대한민국의 입시 제도는 여전히 강력한 영향력을 발휘하며 입시생뿐만 아니라 초등학생들까지도 매일 세계에서 가장 긴 시간 동안 공부에 매달리게 만듭니다. 이러한 현실에서 '우리 아이들이 책이 주는 재미와 감동을 느끼며 일상에서 독서를 즐기는 사람으로 자라나기를 기대하는 것은 어쩌면 꿈같은 이상이 아닐까?' 하는 생각이 들 때가 있습니다.

그러나 시대가 변해도 독서의 중요성과 가치는 여전히 유효한 만큼 학생들에게 독서를 권장하고 독서의 즐거움을 느끼게 해주어야 하는 의

013

무를 저버릴 수는 없습니다. 그러면 어떻게 학생들을 책에 흥미를 느끼며 독서를 즐기도록 만들 수 있을까요? 그 해법을 모색하기 위해 위해서는 먼저 학생들의 독서 실태를 알아보고, 그 속에서 실마리를 찾아보아야 합니다.

학생들의 독서 목적과 선호도

문화체육관광부가 2023년 실시한 국민독서실태조사 결과를 보면, 우리나라 학생의 독서율(전체 학생 중 1년 동안 책을 1권 이상 읽는 학생의 비율)은 95.8%이고, 연간 종합독서량도 36권으로 적지 않습니다. 그런데 성인의 경우 종합독서율은 43.0%로 1년간 책을 1권도 읽지 않는 사람이 열 명 중 여섯 명이나 되고, 연간 종합독서량도 3.9권으로 한 달에 0.3권이 겨우 넘는 수준입니다. 이는 경제협력개발기구(OECD) 회원국 독서량의 평균보다 낮은 수준으로, 독서량 상위권 국가와는 상당한 차이를 보입니다.

학창 시절 책을 많이 읽던 학생들이 성인이 되면서 책을 읽는 비율과 독서량이 급격히 줄어드는 이유는 무엇일까요? 학생들의 독서 목적과 독서 선호도를 살펴보면 그 이유를 짐작할 수 있습니다.

먼저 학생들의 독서 목적을 살펴보겠습니다. 독서실태조사에서 학생들이 독서의 주된 목적으로 가장 많이 선택한 항목은 '학업(일)에 필요해서'로 그 비율은 29.4%입니다. '자기 계발을 위해서'가 13.9%를 차지하고, '관심 주제에 대한 자료 수집을 위해'가 7.7%를 차지합니다. 이 3가지 항목은 독서의 외재적 목적에 해당하며, 그 비율을 합하면 약 50%에 이릅니다.

반면 '책 읽는 것이 재미있어서'라고 응답한 비율은 27.3%를 차지하고, 드라마, 영화의 원작을 읽고 싶어서'라고 응답한 비율은 8.6%를 차지합니다. 이 2가지 항목은 독서의 내재적 목적에 해당하며, 그 비율을 합하면 36% 정도 됩니다. 이러한 결과를 통해 학생들이 독서 자체가 주는 재미나 감동보다는 학업 등의 다른 목적 때문에 책을 읽는 비율이 월등히 높다는 것을 알 수 있습니다.

다음으로 학생들의 독서 선호도를 살펴보겠습니다. 국민독서실태조사에서 우리나라 학생들에게 독서를 얼마나 좋아하는지 물어본 결과, 39.6%의 학생들이 '좋아한다'고 응답했으며, 나머지 약 60%의 학생들은 '보통'이거나 '싫어한다'고 응답했습니다. 책을 읽는 학생의 비율은 95.6%로 높지만, 독서를 좋아해서 읽는 학생의 비율은 그의 절반에도 미치지 못한다는 것을 알 수 있습니다. 그리고 독서를 좋아하는 학생의 비율이 성인이 독서하는 비율(43%)과 거의 비슷하다는 사실도 확인할 수 있습니다.

우리는 주변에서도 자발적인 선택보다는 부모님의 적극적인 권유와 보상, 학교에서 정해진 독서 시간, 그리고 독서 관련 수행평가와 대학

입시의 당락에 큰 영향을 미치는 학교생활기록부의 특기사항 기재 때문에 책을 읽는 학생들을 많이 보게 됩니다. 독서를 선호하는 학생의 비율이 낮은 상황에서 성인이 되어 부모님의 영향력이 줄어들고, 독서 의무와 외적인 목적이 사라지면서 독서 동기가 약화되고 책과 멀어지는 건 어찌 보면 당연한 결과라고 할 수 있습니다.

학생들의 독서량 감소와 독서 장애요인

독서실태조사 중 가장 최근의 조사인 2023년 조사의 학생들의 독서량을 2013년과 비교해 보면, 종합독서량(종이책뿐만 아니라 웹 소설을 비롯한 전자책과 오디오북 등을 합한 전체독서량)은 39.5권에서 36.5권으로 약 8% 감소했습니다. 전자책과 오디오북을 제외한 종이책 독서량은 32.3권에서 26.2권으로 약 19%나 감소했습니다. 지난 10여 년간 학생들의 독서율은 큰 변화가 없었지만, 독서량은 지속적으로 하락하고 있다는 것을 확인할 수 있습니다. 이렇게 학생들의 독서량이 점점 감소하는 원인은 학생들의 '독서 장애요인'과 '인터넷 이용 시간'을 통해 짐작해 볼 수 있습니다.

먼저 독서의 장애요인을 살펴보겠습니다. 국민독서실태조사에서 학생들은 책 읽기를 어렵게 하는 요인으로 가장 많이 지목한 것은 "공부 때문에 시간이 없어서"입니다. 이는 2013년과 2023년 모두 31% 내외로 비숫한 비율을 나타냈습니다. 두 번째로 많이 지목한 요인(책 읽는 습관이 들지 않았거나 재미가 없어서)도 21% 내외로 큰 변화가 없습니다. 그런데 세 번째로 많이 지목한 요인인 "책 이외의 매체를 이용해서"의 경우 14.9%에서 20.65%로 5.7% 증가하였습니다. 특히 2023년도에 책을 1권도 읽지 않는 비독서자가 독서를 어렵게 하는 요인으로 가장 많이 꼽은 것은 '책 이외의 매체를 이용해서'로 29%에 이릅니다. 그리고 이들이 두 번째로 꼽은 요인은 '책 읽기가 재미가 없어서'로 23.3%입니다.

과학기술정보통신부와 한국지능정보사회진흥원이 공동으로 실시한 인터넷이용실태조사 통계 자료에 따르면 2013년에 우리나라 10대들의 주 평균 인터넷 이용 시간이 약 14.1시간이던 것이 2022년에는 27.6시간으로 거의 두 배로 늘어났습니다. 이러한 통계 자료를 통해 학생들이 컴퓨터나 스마트폰을 이용한 인터넷 매체 활용 시간이 늘어나면서 독서량은 갈수록 줄어들고 있으며, 이는 비독서자에게 더 큰 영향을 미친다는 사실을 확인할 수 있습니다. 사실 아이들과 함께 생활하거나 가까이서 지켜보는 사람이라면 이러한 구체적인 조사 자료가 아니라도 학생들의 독서량 감소와 그 원인이 무엇인지 이미 짐작하고 있을 것입니다.

학생 독서의 장애요인

독서의 장애요인	2013년	2023년
공부 때문에 시간이 없어서	30.1%	31.2%
책 읽는 습관이 들지 않아서	21.7%	13.7%
책 읽기가 재미없어서		10.7%
책 이외의 매체를 이용해서 (컴퓨터·인터넷·휴대전화·게임을 하느라 시간이 없어서)	14.9%	20.6%
다른 여가 활동으로 시간이 없어서	(자료 없음)	13.3%

2023년 학생 비독서자와 독서자의 독서의 장애요인 비교

독서의 장애요인	비독서자	독서자
책 이외의 매체를 이용해서	29.0%	20.2%
책 읽기가 재미가 없어서	23.3%	10.1%
공부(일) 때문에 시간이 없어서	20.1%	31.7%
다른 여가/취미 활동을 해서	10.6%	13.5%
책 읽는 습관이 들지 않아서	7.6%	13.9%
독서의 필요성을 느끼지 못해서	6.0%	1.7%
어떤 책을 읽을지 몰라서	1.3%	2.8%

학생들의 독서 현실과 그 원인에 대해 지금까지 분석한 내용을 정리하면 다음과 같습니다.

- 학생들의 독서율은 계속해서 높은 수준을 유지하고 있지만, 독서량은 지속적으로 줄어들고 있다.
- 독서 자체의 즐거움을 비롯한 내적 동기에 의해 책을 읽는 학생의 비율이 낮다.

- 성인이 되면서 독서율이 급격히 낮아진다. 이는 학업 등의 외적 동기가 없어지고 독서 시간을 강제하거나 독서를 유도하는 교사와 부모의 영향력이 사라졌기 때문이라고 짐작된다.
- 전체 학생들이 독서를 방해하는 요인으로 많이 꼽은 것은 '공부 때문에 시간이 없어서', '책이 재미가 없거나 책 읽는 습관이 들지 않아서', '책 이외의 매체를 이용해서'이며, 이 중 세 번째 요인은 갈수록 그 비율이 증가하고 있다.
- 특히 책을 읽지 않는 비독서자가 독서를 방해하는 요인으로 가장 많이 꼽은 것은 '책 이외의 매체를 이용해서'이고, 그다음으로 많이 꼽은 요인은 '책 읽기가 재미가 없어서'이다. 그 비율은 독서자에 비해 월등히 높다.

이러한 사실 확인과 분석을 통해 학생들의 독서율과 독서량을 높이고 독서를 일상화하도록 만들기 위해서는 독서 흥미 증진을 통해 독서 습관을 형성하도록 도와야 한다는 것을 알 수 있습니다. 그러나 스마트폰이 필수품이 되고 온라인 콘텐츠 소비와 소셜미디어 사용이 일상화된 현실에서 학생들이 책을 가까이하고 독서를 즐기도록 만드는 것은 쉽지 않을 것 같습니다.

1부 아이들에게 왜 책을 읽어주어야 할까

아이들을 책에
빠지게 하는 방법

독서교육의 궁극적인 목표는 아이들이 책이 주는 재미를 느끼고 스스로 책을 찾아서 읽도록 만드는 것입니다. 아이들이 성장하면서 일상에서 책을 즐기는 '평생 독자'로 만드는 것이지요. 그러나 많은 어른들이 독서의 중요성을 강조하며 책을 권하지만 아이들은 점점 책과 멀어지고 있습니다. 어떻게 하면 아이들이 책에 흥미를 느끼고 독서를 즐기게 할 수 있을까요? 제가 찾은 가장 효과적이고 확실한 방법은 '책 읽어주기'입니다. 재미와 감동을 줄 수 있는 책을 뽑아 아이들이 부담 없이 즐길 수 있도록 틈틈이 읽어주는 것입니다.

독서가 사람을 교양인으로 성장시킬 뿐만 아니라 학업과 입시에도 도움이 된다는 것을 잘 아는 어른들은 아이들이 책을 읽게 만들려고 많은 노력을 합니다. 저 역시 아이들이 책이 주는 즐거움을 느끼며 꾸준히 읽었으면 하는 마음에 이런저런 시도를 해보았지만 일시적인 효과에 그쳤습니다. 특히 장기간 책을 거의 접하지 않았거나 게임이나 영상을 즐기는 아이들과 책 사이에 놓인 높은 담을 허물기에는 역부족이었습니다. 그러다 어느 해 어린이도서연구회에서 주최한 '책 읽어주기' 연수를 듣고 큰 감동을 받고 다음 학기부터 바로 아이들에게 책을 읽어주기 시작했습니다. 반 아이들에게 갑자기 책을 읽어주겠다고 하니 처음에는 신기한 체험이라도 하는 듯한 표정을 지으며 관심을 보였습니다. 아이들에게 책을 읽어주면서 이전의 독서 시간과 달라진 눈빛을 보면서 초등학생들도 선생님이 읽어주는 이야기를 듣는 것을 좋아한다는 것을 확실히 느낄 수 있었습니다.

아이들에게 책 1권을 다 읽어주고 나면 보통 몇 명씩 달려 나와 방금 읽어준 책을 다시 읽어보고 싶다며 빌려달라고 합니다. 그 책이 평소에는 교실에 있어도 잘 선택하지 않던 책인데도 말입니다. 이전에는 독서 시간에도 책을 거의 읽지 않고 책장만 뒤적이던 아이까지 방금 읽어준 책을 다시 읽겠다며 뛰어나오는 모습을 보고 놀랐던 기억이 납니다. 이렇게 매년 아이들에게 책을 읽어주면서 평소에 책을 잘 읽지 않는 아이들이나 읽기에 어려움을 겪는 아이들도 거부감 없이 책을 읽게 되고 글밥이 많은 책도 스스럼없이 선택하여 읽는 모습을 보면서 '책 읽어주기'가 아이들을 독서로 안내하는 가장 확실한 방법이라는 확신을 갖게 되었습니다.

그리고 해를 거듭하며 학생들에게 어떤 책을 읽어주느냐도 중요하다는 것을 알게 되었습니다. 주로 사회적 약자나 소외된 계층을 다룬 책들을 중심으로 한 해 동안 꾸준히 읽어주면 반 분위기가 전반적으로 차분해지고 가을쯤 되면 아이들이 확실히 배려심이 많아지고 포용력이 커진다는 느낌을 받을 때가 많습니다.

어느 해에 부모님 없이 할아버지와 둘이 살면서 자주 씻지 못한 티가 역력한 아이가 있었습니다. 4학년으로 기억하는데 오래전부터 친구들이 바이러스라 부르며 멀리하고 아무도 짝을 하려고 하지 않았습니다. 아무리 훈계하고 타일러도 멈추지 않던 아이들의 배척 행동이 그해 가을부터 한 명씩 서서히 변하기 시작했습니다. 누가 그 아이에게 조금만 가까이 지나가도 야유하며 서로 놀리던 아이들이 어느 순간부터 그런 행위를 멈추고 그 아이가 혼자 있을 때 슬며시 다가가 말을 걸어주는 모습을 볼 수 있었습니다. 그 이유를 객관적으로 증명하기는 힘들지만 '사회적 약자나 소외된 계층을 다룬 책'의 힘이라고 확신합니다.

3

책을 읽어주면 독서를 즐기게 되는 이유

영국의 속담 중에 '말을 물가로 끌고 갈 수는 있지만 억지로 물을 먹일 수는 없다(You can lead a horse to water, but you can't make it drink)'는 말이 있습니다. 이는 누군가에게 기회를 주거나 방향을 제시할 수는 있지만 실행 여부는 본인의 의지에 달려 있다, 사람이 하기 싫어하는 일을 억지로 시킬 수는 없다는 것을 이르는 말로, 독서 지도에도 해당하는 속담이라고 생각합니다. 어른들이 아무리 책의 중요성을 강조하고 좋은 책을 사주면서 독서를 권하지만(때로는 강제로 시키기도 하지요) 책을 읽으려는 마음이 없는 아이들은 책을 거부하거나 마지못해 읽는 시늉만 하며 시간을 보냅니다. 자발적인 동기와 의지가 없는 아이에게 진정한 의미의 독서를 시키는 것은 불가능합니다.

말에게 물을 억지로 먹이려 하면 말이 발버둥 치고 더 사납게 구는 것처럼 아이들에게 책을 억지로 읽히려고 하면 오히려 독서에 대한 거부감만 더 커질 수 있습니다. 그런데 아이들에게 독서를 강요하지 않고 그

023

냥 주기적으로 읽어주기만 하면 아이들은 책을 좋아하게 됩니다. 그러면 왜 아이들은 책 읽어주는 것을 좋아하고 읽어주는 책을 들으며 스스로 책을 찾아 읽게 될까요?

책 읽어주는 것을 좋아하는 이유

아이들이 책 읽어주는 것을 좋아하는 이유를 먼저 알아보겠습니다. 지금까지 20년 가까이 반 아이들에게 책을 읽어주겠다고 했을 때 싫어하는 내색을 하는 아이는 거의 본 적이 없습니다. 고학년들에게도 책을 읽어주면 새로운 체험을 할 때처럼 신기해하면서 기대에 찬 눈빛으로 책 앞에 모여듭니다. 책을 읽어주기 시작하면 이미 전에 읽어본 책이어서 다른 책을 읽겠다고 하던 아이들도 어느새 읽어주는 책에 집중하고 있습니다. 아이들은 왜 책 읽어주는 것을 좋아할까요?

첫째, 인간은 본래 이야기 듣는 것을 좋아하는 존재이기 때문입니다. 인류의 역사를 살펴보면, 문자가 만들어지기 훨씬 전부터 사람들은 말로 이야기를 전하며 지혜와 경험을 나누고, 공동체의 문화를 이어왔습니다. 종교나 신앙에서 전해지는 이야기와 가르침, 밤하늘 아래 모닥불 곁에서 듣던 전설, 조부모가 들려주는 옛날이야기까지 이야기 듣기는 인류에게 아주 오래된 즐거움이자 소통의 방식이었습니다. 아이들도 예외가 아닙니다. 아직 글자를 충분히 익히지 않았거나 책 읽기에 익숙하지 않은 아이들도 이야기를 듣는 것에는 본능적으로 귀를 기울입니다. 말소리, 억양, 감정이 담긴 이야기에는 활자로는 느끼기 어려운 생생함과 매력이 있습니다. 바로 이 지점에서 책 읽어주기의 힘이 발휘됩니다. 학생들은 누군가가 책을 읽어줄 때, 단순히 내용을 전달받는 것을 넘어 인간 본성에 깃든 이야기 듣기의 즐거움을 경험합니다. 그것은 정보를 넘어서 감정과 상상, 관계의 경험이기도 합니다. 이러한 원초적인 이야기 듣기의 즐거움은 책을 멀게 느끼던 아이들에게도 자연스럽게 책의 세계로 다가가게 하는 통로가 됩니다.

둘째, 아이들은 책을 읽는 것보다 듣는 것이 더 이해하기 쉽기 때문입니다. 여러 연구 결과에 의하면, 나이가 어릴수록 듣기 이해도가 읽기 이해도보다 높고, 초등학교 고학년이 되어야 읽기 능력이 향상되어 듣기와 비슷한 수준의 이해도를 보인다고 합니다(만 16세 이전까지 읽기보다 듣기 이해도가 높다는 연구 결과도 있습니다). 읽기는 문자 해독, 어휘 이해, 문장 구조 파악, 의미 추론 등 복합적인 정신 활동을 요구합니다. 반면 듣기는 감정, 목소리 톤, 맥락을 통해 즉각적으로 내용을 받아들일 수 있어 훨씬 더 직관적으로 이해할 수 있습니다. 이처럼 책을 읽어주면 별다른 정신 작용이 없이도 내용을 이해하기 때문에 책을 직접 읽을 때보다 상상에 더 많은 인지 자원을 쓸 수 있고, 자연스럽게 이야기의 흐름과 감정, 분위기에 몰입하게 됩니다.

셋째, 상호작용을 통해 즐거움이 배가 되기 때문입니다. 책 읽어주기는 단순히 듣는 행위에 그치지 않고, 읽기 도중 질문을 주고받거나 반응을 나누는 활동이 자연스럽게 동반됩니다. 이러한 상호작용은 책의 재미를 배가시키고, 듣는 아이들에게 자기 생각을 표현할 기회도 제공합니다. 그리고 다른 사람이 읽어주는 목소리는 학생들에게 정서적 안정감을 줍니다. 부모나 선생님처럼 신뢰하는 사람이 책을 읽어주면 아이는 그 상황 자체를 즐겁고 편안하게 느끼게 되지요. 이는 특히 글 읽기에 부담을 느끼는 아이들에게 매우 긍정적인 효과를 줍니다.

책을 읽어주면 스스로 책을 읽게 되는 이유

아이들은 어른들이 읽어주는 책을 거부감 없이 즐겁고 편안하게 듣게 되고, 읽어주는 책을 듣다가 어느 순간 스스로 책을 찾아 읽게 됩니다. 학생들에게 책을 읽어주면 평소에 책을 잘 읽지 않던 학생들조차도 점차 스스로 책을 찾아 읽게 되는 모습을 볼 수 있습니다. 아이들이 책을 스스로 읽게 되는 것은 단순히 책의 내용을 들었기 때문이 아니라, 그 속에서 상상력을 키우며 책이 주는 재미와 감동을 온전히 경험했기 때문입니다.

사람은 어떤 활동을 할 때 재미가 없고 힘들고 지루하면 그 활동을 회피하게 됩니다. 반대로 그 활동이 즐겁고 재미있으면 더 자주 하게 되고, 더 지속하게 되고, 더욱 몰입하게 됩니다. 독서도 마찬가지입니다.

독서의 즐거움을 제대로 느껴보지 못한 아이들에게 책은 지루하고 피하고 싶은 대상이 됩니다. 실제로 책을 읽지 않는 아이들을 보면 책이 주는 재미와 감동을 온전히 느껴본 경험이 부족한 경우가 많습니다(이는 독서 자체보다는 학습이나 다른 교육의 수단으로 여겨 아이들이 좋아하지 않은 책을 제공한 영향도 크다고 봅니다). 읽기가 능숙하지 못하고 독서가 습관화되지 않은 아이들에게는 그저 힘든 정신노동일 뿐 도전하고 싶은 마음이 들지 않습니다.

그러나 누군가 정성스럽게 읽어주는 책을 들으며 이야기 속에 빠져들어 웃고, 감동받는 경험을 하게 되면 '책이 이렇게 재미있는 것이었구나.' 하고 마음속에서 자연스럽게 인식이 바뀝니다. 아이들은 책을 듣는 즐거움 속에서 이야기를 상상하고, 인물의 감정에 공감하며, 때로는 자기 삶을 돌아보는 내면의 시간을 갖게 됩니다. 이러한 감정의 울림과 몰입의 경험은 학생들 스스로 책을 찾고 또 읽고 싶게 만드는 원동력이 됩니다. 책 읽는 행위가 '재미있는 일'로 자리 잡게 되는 것입니다. 책을 읽는 것이 재미있고 감동적인 일이라는 것을 깊이 느낀 학생들은 그 즐거움을 다시 경험하고 싶어 스스로 책을 찾게 되는 것입니다. 이처럼 책 읽어주기는 책을 좋아하게 만드는 첫걸음이 되어, 학생들이 자발적인 독서 습관을 기르는 데 중요한 역할을 합니다.

아이들에게 책을 읽어주면…
책에 대한 흥미와 호기심이 자라고
이야기에 대한 이해와 공감이 커지고
읽기에 대한 자신감과 상상력이 자라고
이야기가 주는 재미와 감동을 느끼며
스스로 읽고 싶은 마음이 자랍니다.

4

책을 읽어주면
어떤 좋은 점이 있을까

아이들에게 책을 읽어주는 행위는 단순히 이야기를 전달하는 것을 넘어, 아이들의 독서와 관련하여 중요한 긍정적 효과를 가져다줍니다. 오랜 시간 동안 아이들에게 책을 읽어주며 체감한 교육적 효과는 다음과 같습니다.

가. 상상력을 길러줍니다.

저는 학생들이 책 읽기를 어려워하고 부담스러워하는 이유가 읽기 능력의 부족보다는 상상력의 부족 때문이라고 봅니다. 자기 나이 수준의 책을 읽는데 읽기 능력이 부족해서 독서를 하지 못하는 경우는 극히 드뭅니다. 상상력이란 눈앞에 보이지 않거나 실제로 존재하지 않는 것을 머릿속으로 그려보는 마음의 능력을 말합니다. 다시 말해, 경험하지 않은 것을 머릿속에서 그려보고, 만들어 보고, 떠올릴 수 있는 힘입니다. 이야기를 듣거나 책을 읽을 때 필요한 상상력은 글이나 말로 표현된 내용을 머릿속에서 그림처럼 그려보거나 영상처럼 떠올리는 능력입니다. 예를 들어, "깊은 숲속에 작은 오두막이 있었다."라는 문장을 읽으면, 실제로 그 숲이나 오두막을 본 적이 없어도 머릿속에서 나무가 가득한 숲과 작은 집을 떠올릴 수 있습니다. 이처럼 눈에 보이지 않는 장면이나 인물, 사건을 마음속으로 그려내는 힘이 바로 상상력입니다. 책을 읽을 때 상상력이 있어야 내용을 더 생생하게 느끼고 이해할 수 있습니다. 상상력이 있어야 등장인물의 감정이나 상황에 공감할 수 있고, 이야기의 흐름을 예측하거나 결말을 스스로 만들어 볼 수 있습니다. 또한 작가가 말하지 않은 부분도 자신만의 상상으로 채워 넣으며 책을 더 깊이 이해하고 나만의 방식으로 해석할 수 있습니다. 상상력은 단순히 재미있게 듣는 것을 넘어서 이야기 속 세상에 깊이 빠져들고 이해하며 자신만의 생각을 펼쳐 나가게 해주는 힘입니다. 책 읽어주기는 책을 읽을 때 인물과 장면을 실감 나게 떠올리고 이야기를 예측하고 인물의 감정에 공감할 수 있도록 도와주는 상상력을 길러줍니다. 책을 읽어주면 독서에 필수적으로 필요한 상상력을 생각보다 빨리 길러줍니다.

나. 독서의 즐거움을 체험하게 해줍니다.

어떤 아이들은 책을 읽는 것이 지루하고 힘든 일이라고 생각합니다. 그들은 종종 독서를 부담스러운 의무로 느끼거나, 책을 읽는 시간을 고역처럼 여기기도 합니다. 하지만 책을 읽어주는 활동은 그런 부정적인 인식을 변화시킬 수 있는 강력한 도구입니다. 책 읽어주기는 아이들에게 책의 세계를 자연스럽게 소개하며, 독서를 즐거운 활동으로 경험하게 만들어 줍니다. 목소리의 톤, 재미있는 캐릭터의 대사, 이야기의 긴장감 등을 함께 전달하면서 아이들은 이야기 속으로 빠져들게 됩니다. 아이가 흥미를 느끼고, 책 속의 이야기가 재미있다는 경험을 쌓을수록, 독서는 더 이상 지루한 일이 아니라 새로운 세계를 탐험하는 즐거운 활동으로 자리 잡게 됩니다.

다. 평소 잘 읽지 않는 새로운 책을 접하게 해줍니다.

아이들은 종종 자신이 좋아하는 장르나 주제에 국한되어 책을 선택하는 경향이 있습니다. 그러나 책 읽어주기는 아이가 평소에 잘 읽지 않는 책들을 접할 기회를 제공합니다. 다양한 주제와 장르의 책을 읽어주면서 아이들은 새로운 관심사와 흥미를 발견하게 되고, 그로 인해 독서의 폭이 넓어집니다. 예를 들어, 역사, 인물, 과학, 모험 등 다양한 장르를 소개함으로써 아이는 책이 얼마나 다양한 세상을 보여주는지 깨닫게 될 것입니다. 이러한 경험은 아이가 독서에 대한 호기심과 탐구 정신을 키우는 데 중요한 역할을 합니다.

라. 장편은 읽기 힘들고 어려울 거라는 편견을 없애줍니다.

많은 아이들이 장편 동화나 긴 이야기를 읽는 것은 지루하고 힘들 것이라는 편견을 가지고 있습니다. 이러한 편견을 가진 아이들은 짧은 이야기책이나 그림책을 선호하지만, 삽화가 적고 글밥이 많은 장편은 선뜻 선택하지 못합니다. 이런 아이들에게 스토리가 탄탄하고 작품성이 있는 장편을 읽어주면 이러한 편견은 금세 사라집니다. 읽어주는 책을 들으며 인물과 사건이 더욱 풍부하게 펼쳐지고 다양한 갈등과 반전이 있는 장편의 매력을 제대로 느끼게 되면 장편에 대한 거부감과 두려움이 사라지고 더 큰 감동과 재미를 주는 작품으로 인식하게 됩니다. 실제로 장편 동화를 2권 연이어 읽어주고 나서 아이들에게 장편이 단편보다 시간과 노력이 많이 들지만 그만큼 재미와 감동이 더 크지 않냐고 물어봤을 때 대부분의 아이들이 동의의 눈빛을 보내며 고개를 끄덕였습니다. 또한 장편 읽어주기는 긴 이야기의 흐름을 천천히 따라가며 자연스럽게 아이가 긴 이야기 속에서 몰입할 수 있도록 돕습니다. 장편소설의 주인공이 겪는 다양한 사건과 감정을 함께 느끼며 이야기 속에서 점차 긴 호흡의 독서가 가능하다는 자신감을 얻습니다. 이야기를 들으면서 장편의 이야기 전개에 익숙해지고 장편만의 매력과 감동을 느끼면서 장편에 대한 자신감이 생기는 것입니다. 실제로 장편을 읽어주고 나면 글밥이 많은 책을 선택하지 않는 아이들도 거침없이 장편을 선택하는 모습을 매년 볼 수 있었습니다.

마. 정서적 유대감을 갖게 합니다.

책을 읽어주는 활동은 아이들 간의 유대감을 형성하는 데에도 중요한 역할을 합니다. 교사나 부모가 책을 읽어주고 나면, 그 이야기의 내용에 대해 함께 이야기하거나, 책에 대한 생각을 나누는 시간이 이어질 수 있습니다. 이 과정에서 아이들은 서로 다른 관점을 공유하며 공감대를 형성하게 됩니다. 책을 통해 같은 이야기를 나누고, 같은 감정을 경험함으로써 아이들은 선생님과 친구들 간에 깊은 유대감을 느끼게 됩니다. 특히 학급 전체가 하나의 이야기를 나누고, 공통의 경험을 공유하는 순간은 아이들에게 매우 특별한 기억으로 남습니다.

바. 책을 좋아하게 만들고 스스로 책을 찾아 읽는 아이로 만들어 줍니다.

책 읽어주기는 궁극적으로 아이들을 책의 매력에 빠져들게 하고 스스로 책을 찾아 읽도록 해줍니다. 책을 읽어주는 과정에서 책의 매력을 충분히 느낀 아이들은 점차 독서의 즐거움을 깨닫고, 자발적으로 책을 읽고 싶은 욕구를 느끼게 됩니다. 아이는 책 속의 이야기를 통해 상상력을 키우고 새로운 지식과 경험을 얻는 즐거움을 경험하면서 자연스럽게 독서에 대한 관심을 지속적으로 가질 수 있습니다. 책을 읽는 것이 더 이상 의무가 아니라 자기 자신이 선택한 즐거운 활동이 되도록 만들어 주는 것이 바로 책 읽어주기의 핵심적인 효과입니다. 책 읽어주기를 통해 얻은 책을 사랑하는 마음은 아이가 평생 독자로 성장할 수 있는 밑거름이 될 것입니다.

책 읽어주기,
이렇게 해보세요

1

어떻게 읽어주면 좋을까

책을 읽어줄 때 특별한 기술이나 복잡한 방법이 필요한 것은 아닙니다. 아이들이 흥미를 느낄 만한 좋은 책을 골라 자연스럽게 읽어주는 것만으로도 충분히 즐거운 시간이 될 수 있습니다. 하지만 긴 장편이나 낯선 배경의 작품, 또는 요즘 아이들의 관심사와 거리가 있는 소재를 다룬 책을 읽어줄 때는 내용 이해를 돕고 이야기에 보다 효과적으로 몰입할 수 있게 도와주는 몇 가지 요령이 필요합니다. 제가 지금까지 시행착오를 겪으며 얻은 요령을 몇 가지 소개하겠습니다.

가. 먼저 책의 제목, 작가, 출판사를 칠판이나 화면에 제시합니다.

책 제목을 처음에만 알려주고 책을 읽어주다 보면 나중에 제목을 금방 잊어버리는 경우가 많습니다. 칠판이나 화면에 책의 제목을 계속 띄워놓고 책을 읽어주면 수시로 쳐다보며 오래도록 기억하게 됩니다. 그리고 작가의 이름을 함께 알려주면 그 작가를 기억하고 친숙하게 느끼

037

며 작가의 다른 작품에도 관심을 가지게 됩니다. 반복적으로 작가의 이름을 접하면서 자신이 좋아하는 작가를 발견하고 독서의 폭을 넓히는 계기가 됩니다. 또한 출판사 정보를 함께 알려주면 학생들이 어떤 출판사에서 좋은 책이 나오는지를 자연스럽게 인식하게 되어 나중에 책을 고를 때 '이 출판사 책은 믿고 읽어도 된다'라는 감각이 생깁니다.

나. 규칙을 안내하며 분위기를 조성합니다.

예전에 독서 연수에서 만난 강사님은 책을 읽어줄 때 최대한 편안한 분위기를 조성하고 아이들이 눕거나 돌아다니는 행동을 모두 허용해도 책을 읽다 보면 아이들이 자연스럽게 책에 집중하게 된다고 하셨는데, 저의 경우 너무 허용적인 분위기에서는 아이들이 쉽게 책에 몰입하지 못했습니다. 그래서 제가 책을 읽어줄 때는 편안하게 듣거나 재미없으면 다른 책을 읽어도 좋지만 방해되는 소리를 내거나 돌아다니는 것은 안 된다고 주의를 주고 시작합니다. 규칙을 너무 강조하다 보면 분위기가 딱딱해질 수 있으니 최소한의 규칙만 짧게 이야기하는 것이 좋습니다.

다. 독전 활동(읽기 전 활동)을 통해 학생들의 흥미와 기대감을 높입니다.

가장 일반적인 방법은 책의 표지 그림과 제목, 삽화 등을 보여주며 함께 내용을 예상하고 학생들의 호기심과 상상력을 자극하는 방법입니다. 진정성과 작품성을 인정받고 있는 작가인 경우 작가 소개로 기대감을 높일 수도 있습니다. 책의 핵심 주제나 키워드를 하나 제시하고 그와 관련된 경험이나 생각들을 떠올리게 하는 주제어 연상 활동도 좋습니다. 가장 쉬운 방법은 작품에 대한 선생님의 감상을 전하는 것입니다. 독전 활동은 간단하게 하면 되고, 책을 읽어줄 때마다 꼭 해야 할 필요는 없습니다. 독전 활동을 하지 않아도 선생님이 책을 읽어준다는 것 자체를 좋아한다면 굳이 하지 않아도 좋습니다.

라. 내용이나 분위기에 따라 읽는 속도와 목소리 톤을 조절하며 읽습니다.

책에는 슬픈 장면, 긴장되는 장면, 신나는 장면 등 다양한 감정과 분위기가 있습니다. 이럴 때 목소리의 속도와 톤을 조절하면 단어 이상의 감정을 전달할 수 있습니다. 예를 들어, 슬픈 장면은 천천히 낮고 부드러운 톤으로, 긴박한 장면은 빠르고 힘 있는 목소리로, 즐거운 장면은 경쾌하고 밝은 목소리로 읽으면 학생들은 마치 그 장면 속에 들어가 있는 듯한 몰입감을 느끼게 됩니다. 또한 복잡하면서도 이야기 전개상 중요한 장면은 속도를 늦추고 또박또박 읽음으로써 아이들이 내용을 놓치지 않게 도와줍니다. 중요한 대사나 단어는 힘을 주거나 감정을 담아 읽으면 그 의미가 더 잘 전달되고 오랫동안 기억됩니다. 동화 구연처럼 인물마다 목소리를 바꾸며 과도하게 연기하듯 읽을 필요는 없지만 목소리의 속도와 톤을 적당히 조절하면 이야기의 감정과 분위기를 보다 효과적으로 전달할 수 있습니다. 그리고 지나치게 자세하게 묘사되어 지루하다고 판단되거나 건너뛰어도 크게 문제 되지 않는다고 판단되는 부분은 생략하거나 짧게 간추려서 설명하고 넘어가도 좋습니다.

마. 질문을 통해 내용 이해를 돕고 다음 내용을 예측해 보게 합니다.

작가가 생략을 많이 했거나 사건 전개가 복잡한 경우 학생들이 내용을 잘못 이해하는 경우가 많습니다. 사건의 전개 과정이 복잡하거나 인과 관계 파악이 어렵다고 생각되는 부분은 그 부분을 읽어주고 나서 질문을 통해 제대로 파악했는지 확인하고, 놓친 정보나 잘못 이해한 부분을 바로잡아 줍니다. 내용을 제대로 이해해야 작품의 재미를 느끼고 이후의 내용도 제대로 이해하게 됩니다. 그리고 주인공이 어떤 선택을 할지, 다음 장면에서 어떤 일이 벌어질지 예상하게 하는 질문을 하는 것도 좋습니다. 이런 질문은 집중도를 높이고 추리하며 읽는 습관을 갖게 합니다. 그러나 자칫 질문이나 설명이 과하면 독서의 흐름을 헤칠 수 있으니 최소한으로 자연스럽게 던지는 것이 핵심입니다.

바. 복선이나 중요한 단서에 주목하게 합니다.

이야기 속에는 나중에 중요한 의미를 갖게 되는 복선이나 힌트가 숨어 있는 경우가 많습니다. "이 말, 그냥 한 말일까?", "이 말 때문에 나중에 어떤 일이 벌어질 것 같아?", "주인공이 여기를 지나갈 때 뭘 봤다고 (어떤 소리를 들었다고) 했지?" 등과 같은 질문을 해주면 아이들은 중요

책 읽어주는 교실

한 부분에 주의를 기울이게 되고, 이야기의 전개를 더 흥미롭게 따라가게 됩니다. 이는 추론 능력과 이야기 구조에 대한 감각을 길러주는 데도 효과적입니다.

사. 인물 관계도나 장소 흐름도를 만들어 가면 좋습니다.

인물이 많이 등장하고 그 관계가 복잡하거나 헷갈리기 쉬운 경우에는 인물 관계도를 제시해 주면 좋습니다. 처음부터 완성된 인물 관계도를 제시하기보다는 책을 읽으면서 새로운 인물이 등장할 때마다 또는 한 챕터가 끝날 때마다 주인공을 중심으로 한 명씩 추가해 나가는 것이 좋습니다. 그리고 장소의 이동이 많고 그 장소가 아이들에게 생소하여 헷갈릴 우려가 있을 경우에 장소 흐름도를 제시해 주면 도움이 됩니다. 장소 흐름도는 완성본을 제시하면서 읽어주어도 되고, 새로운 장소로 이동할 때마다 한 장소씩 추가해 나가도 좋습니다.

아. 한 번에 읽어주는 시간은 15분 내외가 적당합니다.

초등학생은 활동적인 성향이 강하고 주의집중 시간이 길지 않기 때문에 긴 시간 동안 이야기를 들으면 피로를 느끼고 주의가 산만해져 책 내용에 집중하기 어렵습니다. 교사도 다인수 학급에서 모두가 들을 수 있는 목소리로 10분 이상 지속해서 읽으면 목이 아프기 시작합니다. 학생이나 책의 내용과 분량에 따라 조금씩 달라지겠지만 10~20분 정도가

2부 책 읽어주기, 이렇게 해보세요

적당합니다. 이런 점을 고려한 결정인지는 모르겠으나 많은 장편 도서들이 이 정도 분량을 단위로 챕터를 나누어 놓았습니다. 물론 학생들의 반응이 뜨겁고 적극적이면 한 챕터를 더 읽어줄 수 있지만 이런 경우에도 40분 수업이 끝날 때까지 읽다 보면 마지막에는 지루한 표정을 지으며 빨리 끝내기를 바라는 눈빛을 보내는 학생들이 보입니다. 드라마도 한창 재미있을 때 끝나야 다음 편이 더 기대되는 것처럼 웬만큼 큰 반응이 아니라면 한 챕터씩 읽어주는 것이 가장 좋다고 생각합니다.

자. 한 작품을 나누어서 읽어줄 경우 이전 내용을 상기시켜 줍니다.

하루 한두 챕터씩 나누어 읽어줄 경우 2~3주 정도가 걸리는 긴 장편을 읽어줄 때는 새 챕터를 시작하기 전에 이전에 읽은 내용을 간단하게 확인하고 이어가는 것이 좋습니다. 읽어주는 기간이 길어지면 집중도가 떨어지고 인물들 사이의 관계나 사건에 대한 기억에 혼선이 생기는 학생들이 있습니다. 이전 챕터에서 누구에게 어떤 일이 벌어졌는지 질문을 통해 내용을 다시 한번 상기시키는 시간을 가지면 이야기의 흐름을 놓치지 않고 이어갈 수 있고 자연스럽게 분위기가 조성되며 작품에 금방 다시 몰입하게 됩니다. 이전 내용을 상기시키는 과정은 학생들이 내용을 얼마나 이해하고 기억하고 있는지를 점검할 수 있는 기회이기도 합니다. 이를 통해 교사는 필요한 설명을 덧붙이거나, 잘못 이해한 부분을 바로잡아 줄 수 있습니다. 앞에서 어떤 인물이 어떤 선택을 했고, 어

책 읽어주는 교실

떤 사건이 벌어졌는지를 다시 이야기하면서, 동시에 새 챕터의 제목을 보여주며 이번 챕터에서는 어떤 일이 벌어질지 예측해 보도록 유도하면 자연스럽게 다음 이야기에 대한 기대감과 흥미를 높일 수 있습니다.

차. 책을 읽는 중간에는 상호작용을 최소화합니다.

책을 읽어주면서 학생들의 이해를 점검하기 위해 의도적으로 질문하거나 학생들의 생각이나 반응이 궁금해서 즉흥적으로 질문을 하는 경우가 있습니다. 질문을 통한 상호작용은 내용 이해를 돕고 경험과 생각을 공유하며 몰입도를 높이는 측면이 있지만 과하면 오히려 이야기의 흐름이 끊어질 수 있습니다. 학생들의 참여가 적극적인 것은 좋지만 책을 읽는 중간에 대화가 길어진다면 적당한 선에서 끊고, 책을 다 읽고 나서 대화를 이어가거나 반응을 공유하는 것이 좋습니다.

카. 설명은 작품 이해에 꼭 필요한 경우에만 최소한으로 짧고 간결하게 합니다.

책을 읽어주는 시간은 이야기의 흐름에 따라 몰입감을 높이는 것이 핵심입니다. 학생들의 이해를 돕기 위해 시대적 배경, 역사적 사건, 어려운 낱말 등에 대해 설명이 필요한 경우가 있습니다. 그러나 설명이 너무 길거나 자주 들어가면 학생들의 집중력이 떨어지고, 이야기 속에 빠져들기가 어려워집니다. 독서의 중요한 요소 중 하나는 상상력입니다.

배경이나 낱말에 대한 과도한 설명은 학생들이 스스로 머릿속에 장면을 그려보는 기회를 빼앗을 수 있습니다. 꼭 필요한 정보만 간단히 제시하고, 나머지는 학생들이 스스로 추측하고 상상하게 하는 것이 더 효과적입니다. 이야기 전체의 주 배경이 되는 역사적 사건의 경우 책을 시작하기 전이나 해당 챕터를 시작하기 전에 미리 설명하거나 이해 자료를 칠판이나 화면에 띄워놓고 읽어주어도 됩니다. 추상적인 낱말은 분위기와 맥락을 통해 추론하기 용이하므로 학생의 추론에 맡기는 것이 좋습니다. 그리고 요즘 아이들이 접해보지 못한 '사금파리', '봉당', '툇마루'와 같은 구체적인 사물에 대한 낱말은 이미지 자료를 활용하면 보다 직관적으로 이해할 수 있습니다.

2

책 읽어주기가 꼭 필요한 시기

아이들에게 책을 읽어주는 일은 언제나 가치 있는 활동이지만, 특히 더 효과를 발휘하는 시기가 있다고 생각합니다. 첫째가 유아기이고, 그 다음으로 초등학교 2학년과 고학년 시기입니다. 유아기는 이 책에서 다루는 범위 밖이기 때문에 논의에서 제외하고, 나머지 두 시기에 대해 말씀드리겠습니다.

초등학교 2학년: 그림책에서 줄글책으로 넘어가는 시기

초등학교 2학년은 독서 발달에 있어 매우 중요한 전환기입니다. 독서 발달 단계에 있어서 '초급 독자 단계'에서 '독립 독자 단계'로 넘어가는 시기로, 이 시기에 그림책 중심의 짧은 글에서 점차 글밥이 많고 이야기 구조가 복잡한 줄글책으로 넘어가야 할 시점이기 때문입니다. 그림책은 그림의 도움을 받아 내용을 쉽게 이해할 수 있지만, 줄글책은 상상력과 이해력이 더 많이 요구되기 때문에 혼자 힘으로 다음 단계로 넘어 가지 못하는 아이들이 있습니다. 이전에 독서 경험이 많은 아이들은 줄 글책 읽기를 즐기기도 하지만 아직 많은 아이들이 읽는 속도가 느리거나 이해에 시간이 걸립니다. 혼자 끝까지 읽기에는 지루함이나 어려움을 느끼는 아이들은 그림책에만 매달리고 줄글책으로 넘어가지 못합니다. 이때 선생님이 책을 소리 내어 읽어주면 아이는 이야기의 흐름을 귀로 들으며 자연스럽게 줄글의 리듬과 구조에 익숙해지게 됩니다. 또한 상상력이 길러지면서 그림이나 삽화의 도움이 없이도 인물과 장면을 떠올리며 긴 호흡의 이야기가 주는 새로운 재미를 느끼게 됩니다. 이 시기의 아이들에게 줄글책을 읽어주면 상상력이나 독서 경험이 부족해 줄글책 선택을 망설이던 아이들도 그림책에서 줄글책으로 자연스럽게 넘어갈 수 있습니다.

초등학교 고학년: 깊이 있는 주제를 다루는 장편의 맛을 알아가는 시기

초등학교 중학년(3·4학년)은 독서량이 폭발적으로 늘어나는 다독(多讀)의 시기입니다. 2학년 무렵 줄글책으로 자연스럽게 넘어간 아이들은 중학년이 되면 그 수준에 맞는 책을 큰 어려움 없이 읽을 수 있습니다. 읽기 유창성이 향상되면서 대부분의 학생들이 책의 내용을 쉽게 이해하고, 주제가 깊지 않고 이야기의 흐름이 단순하여 혼자서도 즐겁게 읽을 수 있습니다. 또한, 이 시기에는 지적 호기심이 왕성해져 자신이 관심 있는 주제의 책을 스스로 찾아 읽는 모습도 자주 나타납니다.

　그러나 고학년(5·6학년)이 되면서 문제가 조금 달라집니다. 초등학교 고학년은 독서 능력이 깊어지고 넓어지는 시기입니다. 고학년을 대상으로 한 책은 인물의 내면 변화, 감정의 복잡성, 미묘한 갈등 구조를 담고 있어 감정과 심리 표현이 섬세해지고, 상징과 은유, 비선형 서사 등 다양한 서술 기법이 등장합니다. 또한 친숙한 소재나 일상의 주제를 넘어 가족 갈등, 우정의 위기, 정의와 불의, 사회 문제 등 현실적이고 깊이 있는 주제를 다루는 책들이 많아집니다. 그런데 고학년이 되면서 읽기 능력의 격차가 생기고, 경험이나 배경지식, 공감 능력 등의 차이로 인해 이러한 고학년 대상의 책을 어려워하는 학생들이 생깁니다. 이전과 같은 분량의 책이라도 책장이 쉽게 넘어가지 않아 중간에 포기하거나, 겉으로는 잘 읽는 것 같아도 글의 맥락이나 인물의 동기, 글쓴이의 의도 등을 제대로 파악하지 못하고 넘어가는 경우가 많아집니다. 이러한 시기에 깊이 있는 이해를 돕는 다리 역할을 해주는 활동이 필요한데, 그것이 '책 읽어주기'입니다. 앞서 밝힌 것처럼 이 시기의 학생들도 혼자서 읽는 것보다는 누군가가 읽어주는 것을 듣는 것을 더 쉽게 받아들이고 이해합니다. 그리고 책을 읽어주면서 글의 구조, 사건의 인과 관계, 인물의 감정 등에 대해 이야기를 나누면 장편을 더 깊이 이해하게 됩니다. 책 읽어주기를 통해 이러한 장편에 익숙해지고 이해력과 공감 능력

2부　책 읽어주기, 이렇게 해보세요

이 발달하면서 낯선 주제나 깊이 있는 주제를 다룬 책에서 새로운 재미
와 감동을 느끼고 스스로 도전해 볼 용기를 얻게 됩니다.

3

얼마나 자주 읽어주어야 할까

사실 책을 꾸준히 읽어준다는 것은 쉬운 일이 아닙니다. 교사는 교과 지도뿐만 아니라 상급 기관에서 하달되는 공문 처리, 크고 작은 학교 행사와 대회 준비, 수시로 일어나는 학생들 사이의 갈등 해결 등을 하다 보면 책 읽어줄 시간과 에너지가 모자랄 때가 많습니다. 그래서 꾸준히 읽어줄 수 있는 현실적인 방안이 일정한 간격을 두고 읽어주는 것입니다. 그럼 얼마만큼의 간격으로 읽어주는 것이 좋을까요?

책을 읽어주는 간격은 책의 분량에 따라 조금씩 달리할 수 있습니다. 먼저 하루나 이틀 만에 읽어줄 수 있는 짧은 책은 매주 한두 편씩 읽어 주는 것이 좋습니다. 특히 책 읽어주기를 시작하는 학년 초에는 매주 읽어주어야 책 읽어주기의 효과를 극대화할 수 있습니다. 초기에 매주 읽어주면서 아이들이 책과 친숙해지고 책을 즐기게 되면 그 이후부터는 격주로 읽어주어도 그 효과가 유지될 것입니다.

책을 읽어주는데 3~5일 정도 걸리는 분량의 책은 2주에 1권씩 읽어주

2부 책 읽어주기, 이렇게 해보세요

는 것이 책 읽어주기의 효과도 지속되고 교사 입장에서도 부담이 덜 됩니다. 물론 책 읽어주기를 처음 시작하는 초기 2~3주 정도는 매주 1권씩 읽어주는 것이 아이들로 하여금 책에 더욱 친숙하게 만들어 줍니다.

2~3주 정도 걸리는 장편의 경우 한 달에 1권을 읽어주어도 괜찮다고 봅니다. 장편을 처음 읽어줄 경우 일주일 이상 쉬지 말고 연속에서 두 편 정도 읽어주면 장편이 주는 깊은 감동을 체감하게 됩니다. 장편의 맛을 제대로 느끼게 되면 그 이후에는 글밥이 많고 두툼한 장편도 망설임 없이 선택하는 아이들을 많이 볼 수 있었습니다.

어떤 분량의 책을 읽어주든 간에 중간의 휴지기가 2주를 넘어가면 그때부터 책 읽어주기의 효과가 떨어집니다. 그래서 중편이든 장편이든 한 번 읽어주고 일주일에서 2주일 후에는 다시 시작하는 것이 좋습니다. 장편을 연속해서 읽어주기 부담이 되면 단편, 중편, 장편을 적절히 섞어서 읽어주는 방법을 추천드립니다.

프랑스의 작가 다니엘 페나크는 책 읽어주기를 '광고'에 비유한 적이 있습니다. 광고의 효과가 지속되려면 단기간의 광고에 그쳐서는 안 되고 일정한 간격으로 반복해서 광고를 내보내야 한다는 것입니다.

책 읽어주는 교실

4

어떤 책을 읽어주면 좋을까

선생님이 읽어주는 책은 단순한 이야기 전달을 넘어 아이들의 마음과 생각에 깊은 영향을 미칩니다. 좋아하는 배우나 스타가 등장하는 광고를 반복해서 보며 자연스럽게 그 상품에 관심을 갖게 되는 것처럼, 아이들은 선생님이 들려주는 책을 통해 책에 대한 흥미를 키우고 어떤 이야기에 관심을 가질지 배우며 스스로 책을 선택하는 기준을 형성합니다. 따라서 선생님이 어떤 책을 읽어주느냐가 아이들이 어떤 책을 좋아하고 읽을지 결정하는 데 큰 영향을 미치며, 아이들의 독서 경험과 습관, 태도에도 중요한 방향을 제시합니다. 이런 이유로 선생님은 책을 선정할 때 단순한 재미뿐 아니라 작품성과 교육적 가치를 함께 고려하여 다양한 장르와 주제의 책을 골고루 읽어주는 것이 필요합니다.

가. 이야기의 재미와 감동을 줄 수 있는 책

아이들에게 읽어주는 책은 일단 재미있어야 합니다. 다양한 매체와

051

미디어를 손쉽게 접할 수 있는 시대에 책이 재미가 없으면 아이들은 금방 책장을 덮고 다른 매체를 찾게 될 것입니다. 다만 책이 주는 재미는 단순히 웃기거나 흥미 위주의 가벼운 내용에서 오는 것이어서는 안 됩니다. 책이 주는 재미는 다른 매체에서는 느끼기 힘든, 지면이 가진 고유한 특성을 살린 깊이 있는 재미와 감동이어야 합니다. 이야기책이 주는 깊이 있는 재미란 스스로 상상하며 이야기의 흐름에 몰입하여 인물의 마음에 공감하고 상황의 의미를 곱씹으며, 그 속에서 삶의 의미와 여운을 오래 느끼는 즐거움입니다.

이야기에 몰입하여 흥미로운 사건 전개를 따라가며 인물의 기쁨과 슬픔, 두려움과 희망을 함께 느끼고 웃거나 눈물을 흘리는 경험은 아이의 감성을 자극하며 깊은 감동을 남깁니다. 이렇게 마음속에 새겨진 감동은 독서의 즐거움을 각인시키고, 이는 계속해서 책을 찾게 되는 큰 동기가 됩니다. 결국 깊이 있는 재미와 감동을 주는 책을 읽어주는 일은, 지금 이 순간의 즐거움뿐 아니라 아이들이 평생 책과 함께하는 길로 나아가게 하는 출발점이 됩니다.

나. 다양한 삶의 모습을 보여주는 책

다양한 삶의 모습을 보여주는 책은 아이의 공감 능력을 키워줍니다. 책 속 주인공이 겪는 기쁨, 슬픔, 어려움을 간접적으로 경험하며 타인의 감정을 이해하는 법을 배울 수 있습니다. 대부분의 동화나 옛이야기는 강자보다는 약자나 평범한 인물을 주인공으로 합니다. 책을 통해 경제적 어려움이나 가족의 위기 등으로 어려움에 처한 인물의 삶을 경험하면 그들의 아픔과 어려움을 이해하고 그들을 따뜻한 시선으로 바라보게 합니다.

또한, 다양한 삶의 모습을 담은 책을 읽어주는 것은 아이의 세계관을 넓혀줍니다. 책은 우리가 경험하는 한정된 사람이나 제한적인 환경을 넘어, 서로 다른 환경과 문화, 그 속에서 살아가는 다양한 형태의 삶을 경험하게 해줍니다. 이를 통해 아이는 나와 다르다는 것을 틀렸다고 생각하는 대신 '다름'을 존중하는 마음을 배우게 됩니다. 자신과 다른 환경에 처한 인물의 이야기를 접하며, 고정관념을 깨고, 편견 없이 세상을 바라보는 포용적인 시각을 갖게 됩니다. 다양한 삶의 이야기를 듣는 것은 곧, 세상 속에 존재하는 수많은 가능성과 길을 발견하게 하는 일입니다.

이처럼 책을 통해 자신과 다른 환경, 다른 가족 형태, 다양한 감정과 어려움을 겪는 인물들의 이야기를 접하면서 아이는 공감 능력을 기르고, 세상을 바라보는 시야를 넓힐 수 있습니다.

다. 새로운 시각이나 관점을 제시해 주는 책

아이에게 새로운 시각이나 관점을 제시해 주는 책을 읽어주는 것은 아이의 사고력을 깊게 만들어 줍니다. 이런 책들은 당연하게 여기던 사실에 대해 '왜?'라는 질문을 던지게 하고, '혹시 이렇게 생각해 볼 수도 있지 않을까?'라는 가능성을 열어줍니다. 예를 들어, 흔한 이야기를 전혀 다른 인물의 시점에서 풀어낸 책은 아이에게 한 가지 사건에도 여러 관점이 존재한다는 그것을 알려줍니다. 이는 아이가 어떤 문제를 해결할 때 다양한 방법으로 접근하고, 창의적인 해답을 찾을 수 있는 능력을 키워줍니다.

또한, 이러한 책들은 아이가 세상을 입체적으로 바라볼 수 있도록 돕습니다. 아이들은 대부분 자신의 경험과 주변에서 배운 사고방식 안에서 생각하게 됩니다. 하지만 세상을 다각도로 바라보고 문제를 다양한 방식으로 해결하는 힘은, 새로운 시각을 접할 때 자랍니다. 새로운 관점을 제시하는 책은 익숙한 상황이나 사물을 전혀 다른 각도에서 바라보게 하며, 당연하다고 믿었던 생각에 질문을 던지게 만듭니다. 하나의 현상이나 인물에 대해 한쪽 면만 보는 것이 아니라, 여러 각도에서 생각하고 판단하는 힘을 길러주는 것입니다. 이런 과정에서 아이들은 고정된 사고 틀에서 벗어나 창의적으로 생각하는 힘을 기르게 됩니다.

라. 우리 문화와 가치관을 담고 있는 책

아이들에게 우리 문화와 가치관을 담은 책을 읽어주는 것은 단순히 재미있는 옛이야기나 고전 작품을 알려주는 것을 넘어 우리 조상들의 삶의 방식과 해학, 정신세계를 자연스럽게 배우게 하는 기회가 됩니다. 옛이야기, 역사 속 인물 이야기, 전통 생활과 예절이 담긴 책을 통해 학생들은 우리 조상들이 중요하게 여긴 가치와 행동 원칙을 이해하게 됩니다. 이러한 이해는 단순한 지식의 습득을 넘어, 자신이 어떤 문화적 뿌리를 가진 사람인지 깨닫고 정체성을 형성하는 데 중요한 밑거름이 됩니다.

이러한 책은 세계화 시대 속에서도 자신이 어디에서 왔고 어떤 전통과 가치를 계승하고 있는지 이해하게 합니다. 더 나아가 우리 문화에 대한 자긍심과 소속감을 키워주고, 다른 문화와의 차이를 존중하며 균형 잡힌 시각을 키우는 데에도 도움을 줍니다. 결국 우리 문화와 가치관이 담긴 책을 읽어주는 것은 학생들에게 정체성 형성뿐만 아니라 세대를 잇는 문화적 유산을 함께 선물하는 일입니다.

마. 아이들이 잘 모르거나 스스로는 읽지 않을 것 같은 책

학생들에게 읽어줄 책을 고를 때 우리는 종종 아이들이 좋아할 만한 친숙한 이야기나 인기 있는 시리즈에 손이 가기 마련입니다. 물론 아이들이 좋아하는 책을 읽는 것은 독서에 대한 긍정적인 경험을 심어주는 데 중요합니다. 하지만 때로는 아이들이 스스로는 절대 펼쳐보지 않을 것 같은, 조금은 낯설고 어려운 책을 읽어주는 것이야말로 아이들의 성장과 발달에 더욱 중요한 역할을 할 수 있습니다. 낯선 책을 통해 아이들은 더 넓은 세상으로 나아가는 특별한 경험을 하게 됩니다.

아이들이 읽는 책의 세계는 그들이 세상을 바라보는 창이 됩니다. 아

2부 책 읽어주기, 이렇게 해보세요

이들이 스스로 고른 책들은 대부분 자신의 관심사와 경험의 범주를 벗어나지 못합니다. 그래서 이미 경험해 본 책과 비슷한 친숙한 책이나 트렌드에 맞는 책을 선택하는 경향이 있습니다. 심지어 일 년 내내 한 가지 시리즈만 반복해서 보는 아이들도 있습니다. 이런 독서 습관은 친숙한 즐거움을 주지만, 독서 경험의 폭을 제한할 수 있습니다. 교사가 아이들이 잘 모르거나 스스로는 읽지 않을 것 같은 책을 읽어주는 이유는 바로 여기에 있습니다. 의도적으로 선택한, 조금은 낯선 책들은 아이들에게 완전히 새로운 문화, 역사, 사회적 배경, 그리고 등장인물의 삶을 보여줍니다. 이러한 경험은 아이들의 세계관을 넓히고, 자신과는 다른 삶의 방식에 대해 생각해 보게 하는 소중한 자산이 됩니다. 학생들은 평소 접하지 않던 새로운 책을 함께 읽으면서 낯선 주제나 배경도 충분히 흥미롭고 감동적일 수 있다는 사실을 깨닫게 됩니다. 이러한 경험은 편협한 독서 습관에서 벗어나 다양한 분야로 시야를 넓히고 폭넓은 사고를 하도록 도와줍니다.

바. 해당 학년의 시기에 생각해 볼 수 있는 주제를 깊이 다루고 있는 책

아이들에게 그 학년 시기에 생각해 볼 만한 주제를 깊이 다룬 책을 읽어주는 것은 발달 단계에 맞는 사고력과 감수성을 키우는 중요한 방법입니다. 아이들은 성장하면서 각 시기마다 경험하는 고민과 관심사, 사회적 관계, 가치관 등이 다르기 때문에 해당 시기에 어울리는 주제를 담은 책을 읽으면 내용이 더 쉽게 공감되고 자기 문제로 받아들이게 됩니다. 예를 들어 친구 관계, 자존감, 가족 간의 갈등과 이해, 책임감 등 그 시기의 발달 단계에서 자연스럽게 고민하게 되는 주제를 담고 있는 책은 아이의 삶과 직접 연결되어 있어 깊은 공감과 성찰을 이끌어냅니다. 학생들은 이러한 책을 통해 주제에 대해 깊이 생각하고 스스로 답을 찾아가는 힘을 기르게 됩니다. 또한 책을 읽고 이러한 주제에 대해 교사나 친구들과 대화를 나누면서 다양한 의견과 시각을 접하며 사고의 폭을 넓히고 자신의 생각을 정리하고 표현하는 능력도 함께 발달합니다. 이런 경험은 단순한 독서를 넘어 그 시기 학생들에게 꼭 필요한 인성의 발달과 가치관 형성에도 큰 밑거름이 됩니다.

5

아이들에게
꼭 읽히고 싶은 장르

가. 현실 동화

현실 동화란 어린이들이 실제로 겪을 수 있는 갈등이나 문제 상황을 현실적인 배경 속에서 다룬 동화입니다. 주인공은 보통 또래 어린이이며, 이야기는 학교, 가정, 친구 관계 등 일상생활에서 일어날 법한 상황을 중심으로 전개됩니다. 현실 동화는 공주, 요정, 마법처럼 상상 속 세계를 다루는 판타지 동화나 전래 동화와 달리, 현실 세계에서 실제로 벌어질 수 있는 이야기를 통해 어린이들의 감정, 갈등, 문제 해결 과정을 사실적으로 그려냅니다. 이러한 현실 동화는 학생들에게 여러 가지 중요한 교육적 효과를 발휘합니다.

첫째, 현실 공감을 통해 정서적 안정감을 줍니다. 현실 동화는 아이들의 실제 삶과 밀접한 이야기를 다룹니다. 친구와의 갈등, 형제자매와의 다툼, 부모의 잔소리, 시험에 대한 부담, 외로움, 질투, 실수 등 아이들이 실제로 일상에서 겪는 문제와 감정들이 그대로 녹아 있습니다. 이처럼 자신과 비슷한 상황에 놓인 또래 주인공의 이야기를 들으며 아이들은 "이건 내 이야기 같아.", "나만 그런 게 아니구나."라는 안도감을 느끼며 깊이 공감하게 됩니다. 이러한 안도감과 공감은 아이들에게 정서적인 안정감을 주고, 자기 감정을 객관적으로 바라볼 수 있는 기회를 제공합니다. 이를 통해 아이들은 자신의 고민을 건강하게 바라볼 수 있는 힘을 얻게 됩니다.

둘째, 생활 속에서 겪게 되는 문제를 파악하고 해결하는 방법을 배울 수 있습니다. 현실 동화는 갈등 상황을 피하지 않습니다. 현실 동화 속 주인공은 크고 작은 일상 속 문제를 경험하고, 실수도 하고, 자신이 처한 상황에 대해 고민하며 용기를 내어 상황을 해결해 나갑니다. 아이들은 이러한 주인공의 선택과 변화를 관찰하면서 자연스럽게 다양한 상황에서의 태도와 해결 방법을 배우고, 문제 상황에서 어떻게 행동할 수 있을지 자연스럽게 익히게 됩니다. 교사가 이야기를 읽어준 뒤 친구들과 함께 그 상황에 대해 이야기 나누면 아이들은 다양한 시각에서 문제를 바라보는 힘을 기를 수 있습니다.

셋째, 자기 이해와 긍정적 자아 형성에 도움이 됩니다. 아이들은 자신과 비슷한 또래 인물을 모델로 삼아 자기를 인식하고 성장합니다. 현실 동화를 읽으면서 아이들은 "나도 저럴 수 있어." 또는 "나만 그런 게 아니었구나."라는 생각을 하게 됩니다. 이야기 속 또래 인물이 실수하거나 고민하는 모습은 오히려 아이들에게 위로가 되어, 자신의 모습을 긍정적으로 받아들이는 데 도움을 줍니다. 또한 동화 속 주인공이 용기 있게 사과하거나 친구를 돕거나 작은 실패를 극복하는 모습을 보며 아이들은 자신도 그렇게 할 수 있다는 자신감을 얻습니다. 이 과정은 아이들의 자존감과 자기 효능감을 향상시키고 긍정적인 자아 형성에 중요한 밑거름이 됩니다.

나. 우리 옛이야기와 고전문학

옛이야기는 단순한 재미와 흥미를 넘어 아이들의 성장과 발달에 중요한 영향을 주는 소중한 이야기 자원입니다. 현대 사회에서는 효율, 속도, 경쟁이 강조되는 경향이 있지만, 옛이야기 속 세계는 조금 다릅니다. 선한 마음이 결국 복을 받고, 욕심은 화를 부르며, 약한 자도 지혜와 용기를 통해 문제를 해결해 나갑니다. 이런 서사는 아이들에게 인간답게 살아가는 방식에 대해 다시금 생각하게 만들고, 성찰의 기회를 제공합니다. 옛이야기가 가지는 구체적인 교육적 효과는 다음과 같습니다.

먼저, 옛이야기는 사고력과 상상력을 길러줍니다. 현실에서는 경험하기 어려운 환상적 사건과 기묘한 인물들을 접하면서 아이들은 상상력을 확장할 수 있습니다. 그리고 이야기의 인과 관계를 추리하고 인물의 문제 해결 과정을 따라가면서 문제 해결력과 사고력을 기를 수 있습니다.

둘째, 옛이야기는 정서적 안정과 공감 능력을 키워줍니다. 이야기 속 주인공의 기쁨과 슬픔, 두려움과 희망을 함께 느끼면서 아이들은 자신의 감정을 이해하고 표현하는 힘을 얻게 됩니다. 또한 권선징악, 약자 보호, 정의 실현 같은 주제를 통해 옳고 그름을 자연스럽게 배우며, 다른 사람의 마음을 헤아리는 공감 능력을 기를 수 있습니다.

셋째, 옛이야기는 우리 문화 이해와 정체성 형성에 기여합니다. 옛이야기 속에는 우리 민족의 오랜 경험과 문화, 전통 가치관이 담겨 있습니다. 아이들은 이러한 옛이야기를 접하면서 자연스럽게 선조들의 삶의 방식과 가치관을 이해하고, 더 나아가 다른 문화와 차이를 이해할 수 있는 눈을 갖게 됩니다.

마지막으로, 옛이야기는 읽기의 즐거움을 경험하게 해줍니다. 반복적인 구조와 해피엔딩이 주는 안정감은 아이들에게 책과 이야기에 대한 긍정적 태도를 심어주며, 이는 스스로 책을 찾는 독서 습관으로 이어지게 됩니다.

우리 고전문학 장르 중 『홍길동전』, 『구운몽』 같은 고전 창작 소설과 『춘향전』, 『심청전』, 『흥부전』, 『토끼전』, 『전우치전』, 『장화홍련전』 같은 판소리계 고전 소설은 초등학생이 충분히 읽을 수 있는 작품입니다. 이러한 고전 작품은 옛이야기와 마찬가지로, 우리의 문화와 전통 가치를 이해하는 데 밑거름이 될 뿐만 아니라 당시 사람들의 고민과 사회상을 이해하는 데도 큰 도움이 됩니다. 고전문학 작품에는 조선 시대 이전부터 이어져 온 생활 모습과 풍속, 가족 관계, 당시의 사회상, 갈등과 이념 등이 자연스럽게 녹아 있기 때문입니다. 또한 고전문학은 그 시대 사회

구조와 인간관계를 반영해 우리 사회의 뿌리와 역사적 배경을 자연스럽게 알려줍니다.

　이처럼 옛이야기와 고전문학은 어린이들이 우리 선조들의 생활 방식과 문화를 이해하고, 한국 사회가 중요하게 여겨온 가치와 도덕규범을 자연스럽게 체득하게 합니다. 그리고 사회적 역사적 배경을 쉽고 흥미롭게 이해할 수 있도록 도와주는 중요한 다리 역할을 합니다. 결국 한국인으로서의 정체성을 가지고 세계 속에서 다른 문화와는 차별화된 새로운 상상력과 능력을 발휘하는 바탕이 됩니다.

책 읽어주는 교실

3부

독서 흥미를 높이고
생각을 키우는 독서 활동

1

독서 토론(이야기 나누기)

이야기꽃을 피우며 생각과 마음을 나누는 시간

독서 토론은 목적이나 의도에 따라 다양한 형식이 존재합니다. 일반적으로 책을 읽은 뒤 느낀 점이나 생각을 자유롭게 이야기하는 자유 토론식 독서 토론, 발제자가 질문이나 주제를 제시하고 이를 바탕으로 토론을 진행하는 발제문 중심 토론, 책 속 인물의 행동이나 사건을 주제로 찬성과 반대로 나눠 토론하는 찬반 토론식 독서 토론, 책을 읽으며 떠오른 질문을 짝과 서로 주고받으며 토론하는 하브루타식 독서 토론, 그리고 교사가 준비한 질문과 학생이 궁금해하는 질문을 중심으로 진행하는 질문 중심 독서 토론 등이 있습니다.

초등학생을 대상으로 책을 함께 읽고 일상적으로 해볼 수 있는 형식은 질문 중심 독서 토론입니다. 질문을 중심으로 서로의 생각이나 느낌을 이야기하는 형식이기 때문에 학생들에게는 토론이라는 딱딱한 말 대신 '이야기 나누기'라고 해도 좋습니다.

질문 중심 독서 토론은 작품에 대한 이해와 공감을 깊게 하고 서로의

065

감상을 나누는 데 목적이 있습니다. 질문은 주로 내용 이해를 점검하고 작품에 대한 생각과 느낌을 이끌어내는 질문으로 구성됩니다.

학급의 학생들과 같은 책을 읽고 내용에 대해 질문을 해보면 내용의 흐름이나 구체적인 내용, 인물의 의도 등을 충분히 이해하지 못하거나 사실과 다르게 이해하는 학생들이 의외로 많습니다. 사건의 흐름이나 인과 관계 파악, 주제 파악에 꼭 필요한 부분에 대해 교사가 내용 이해 확인을 위한 질문을 하면, 학생들은 다시 한번 사실을 확인하고 숨은 의도를 추론하면서 작품에 대해 보다 깊이 이해하고 공감할 수 있게 됩니다.

또한, 질문을 통해 서로의 감상을 나누면 학생들은 자신이 느낀 생각이나 감정을 자유롭게 표현하며 책 속 인물이나 이야기와 깊이 연결되는 경험을 하게 됩니다. 이 과정에서 학생들은 타인의 감정을 이해하고 공감하는 능력을 기를 수 있으며, 자신만의 시각으로 책을 바라보는 힘도 함께 자랍니다. 또한 감정을 말로 표현하는 활동은 말하기 능력 향상뿐만 아니라 자기 인식을 높이는 데도 도움이 됩니다. 무엇보다 정답이 없는 이야기 속에서 자신의 감정이 존중받는 경험은 독서에 대한 긍정적인 인식을 심어주고, 책 읽기의 즐거움을 더욱 깊게 만들어 줍니다.

그리고 주제나 메시지가 분명한 책은 학생이 자연스럽게 작가가 전하고자 하는 주제와 메시지가 무엇인지 찾아보고, 그에 대한 자기 생각을 정리할 수 있도록 질문을 통해 자연스럽게 유도합니다. 주제나 메시지에 대해 질문할 때는 직접적으로 곧바로 묻기보다는 주제나 메시지에

책 읽어주는 교실

단계적으로 접근할 수 있도록 질문하는 것이 좋습니다.

독서 토론을 할 때 가장 먼저 할 일은, 학생들이 자신의 생각을 부담 없이 말할 수 있도록 따뜻하고 안정된 분위기를 조성하는 것입니다. "정답은 없어요.", "다른 친구와 생각이 달라도 괜찮아요."와 같은 말을 미리 해주면 학생들이 자신의 감정이나 의견을 더 솔직하게 표현할 수 있습니다.

그다음 학생들의 반응을 이끌어낼 수 있는 기본적인 질문을 던지며 독서 토론을 본격적으로 시작합니다. 이때 막연하게 "느낀 점을 말해보자." 하기보다는, 구체적이고 열린 질문을 통해 학생들의 생각을 끌어냅니다.

- 이 책 어땠나요? 읽고 나서 어떤 기분이 들었나요?
- 어떤 장면이 인상적이었나요? 특별히 기억에 남는 장면이 있었나요?
- 이 책에서 특별히 마음이 가는 인물이 있었나요?
- 이야기에서 평소 나와 비슷한 생각이나 경험을 가진 인물이 있었나요?
- 주인공이 한 일이나 선택 중에 칭찬해 주고 싶은 것이 있나요?
- 만약 나라면 다르게 선택했을 것 같은 장면이 있었나요?

위와 같은 기본 질문에 대해 학생들이 자신의 느낌이나 생각을 이야기하고 나면 이어서 그렇게 생각한 이유나 까닭을 추가로 물어봅니다.

3부 독서 흥미를 높이고 생각을 키우는 독서 활동

학생들의 이야기를 듣고 생각과 느낌을 구체화할 수 있는 추가 질문이나 멘트를 덧붙이는 것입니다. 처음부터 두 가지 질문을 한꺼번에 하면 부담을 느낄 수 있으니까 먼저 말문을 열 수 있는 기본적인 질문을 하고, 반응을 듣고 나서 다음과 같은 추가 질문을 하는 것이 좋습니다.

- 왜 그 장면이 가장 인상 깊었나요?
- 그 인물이 특별히 마음이 간 이유는 무엇일까요?
- 그런 경험을 했을 때 어땠나요? 그 이후 어떻게 되었나요?
- 왜 그 점을 칭찬해 주고 싶나요?
- 그렇게 선택한 이유는 무엇일까요?
- 어떤 점이 좋아서 추천하는 건가요?

생각이나 감상을 나눌 때 교사의 생각과 같은 생각을 하도록 유도하거나 교훈을 강조하지 않는 것이 좋습니다. 교사의 생각을 강조하면 오히려 역효과가 날 수 있습니다. 학생의 생각이 교사의 기대와 다르더라도 교사의 생각을 강요하거나 틀렸다고 지적하지 말고, "그렇게 느꼈구나.", "그렇게도 생각할 수 있구나." 하고 공감하며 먼저 받아줍니다. 그리고 자연스럽게 그 생각에 대해 다른 친구들은 어떻게 생각하는지 질문을 통해 다양한 반응을 들어보고 비교해 보도록 하는 것이 좋습니다.

책에 대해 이야기를 나눌 때 다른 친구의 감상을 비웃거나 무시하는 일이 없도록, 감상은 서로 다를 수 있다는 점을 강조해 줍니다. 또한 말로 표현하는 것이 어렵거나 부끄러운 학생들이 부담을 느끼지 않도록 억지로 발표를 강요하지 않는 것이 좋습니다. 그렇다고 자발적인 발표에만 맡기면 소수의 학생들만 발표를 할 수 있으니 부담이 없는 질문의 경우 한 명씩 차례로 돌아가며 기회를 주고 짧게라도 대답할 수 있도록 유도해 봅니다. 중요한 것은 질문을 던진 뒤, 학생의 말을 끊지 않고 충분히 들어주는 것입니다. 그렇게 할 때 책을 읽고 나누는 시간이 진짜 '마음이 오가는 대화'로 이어집니다.

독서 토론에서 너무 많은 이야기를 하려고 욕심내지 않는 것이 좋습니다. 준비한 질문을 모두 하려고 하지 말고 학생들의 반응을 보면서 책에 따라 선택적으로 하는 것이 좋습니다. 그리고 학생들에게 궁금한 것이 더 없는지 물어보며 자연스럽게 학생들의 질문 제기를 유도하고 그 질문을 다른 친구들에게 넘겨 같이 생각해 보도록 합니다.

2

핫시팅(Hot-seating)
책 속 인물을 보다 깊이 이해하고 공감하는 시간

책을 읽고 난 뒤 우리는 보통 줄거리를 돌아보며 내용 이해를 점검하거나 감상을 나누며 독후 활동을 합니다. 그러나 때로는 이야기 속 인물을 더 깊이 이해하고, 그 인물의 마음을 직접 느껴보는 활동이 필요합니다. 이를 위해 활용할 수 있는 방법 중 하나가 바로 핫시팅(Hot-seating)입니다.

핫시팅은 책 속 등장인물이 실제로 우리 앞에 앉아 있다고 가정하고 학생들이 그 인물에게 질문을 던지고 대답을 들어보는 활동입니다. 한 학생이 인물의 역할(핫시터)을 맡아 의자에 앉고, 다른 학생들이 질문을 하면 의자에 앉은 학생은 해당 인물의 입장에서 대답합니다. 이렇게 함으로써 단순히 글로만 접했던 인물을 마치 실제 인물처럼 경험하게 됩니다.

이 활동은 여러 가지 교육적 효과가 있습니다. 우선 인물이 되어 직접 생각하고 말하는 과정에서 책의 내용을 더 깊이 이해하고 인물의 내면을 탐구할 수 있습니다. 단순히 책을 읽는 것만으로는 알 수 없었던 등장인물의 숨겨진 감정이나 동기를 발견하게 됩니다. 인물의 감정과 생각을 직접 탐색하면서 공감 능력을 기를 수 있습니다. 그리고 왜 그런 행동을 했는지, 다른 선택은 없었는지 등을 묻고 답하며 사고를 확장하고 비판적 사고력을 키울 수 있습니다. 질문을 준비하고 대답하는 과정에서 표현력과 의사소통 능력도 함께 향상됩니다. 무엇보다도 핫시팅을 통해 작품 속 인물을 보다 깊이 이해하게 되고 그로 인해 작품을 보다 깊이 내면화하고 독서를 단순한 즐거움이나 감동을 주는 활동을 넘어 삶의 한 부분으로 느끼게 됩니다. 핫시팅의 구체적 과정은 다음과 같습니다.

① 인물 선정하기

책을 읽은 후 학생들과 깊이 알아보고 싶은 등장인물을 한 명 선정합니다. 경우에 따라 두세 명을 선정할 수도 있습니다. 인물은 주인공일 수도 있고, 갈등의 중심에 있는 조연일 수도 있습니다. 인물의 성격이 뚜렷하고 사건 속에서 갈등이나 성장이 있는 경우 더 풍부한 활동이 가능합니다.

② 역할 정하기

핫시터, 즉 작품 속 인물이 되어 질문을 받고 대답할 학생을 한 명 정합니다. 경우에 따라 두세 명을 선정할 수도 있습니다. 희망하는 학생이 인물 역할을 맡도록 하되, 다양한 학생이 참여할 수 있도록 역할을 돌아가며 할 수도 있습니다. 핫시터 외에 나머지 학생들은 질문자 역할을 합니다. 이때 질문자에게는 인터뷰어, 기자, 청중, 인물의 친구, 독자, 다른 등장인물 등 구체적인 입장을 정해주면 보다 흥미를 가지고 적극적으로 질문에 참여합니다.

③ 질문 준비하기

학생들이 인물에게 던지는 질문이 활동의 깊이를 좌우한다고 할 수 있습니다. 핫시팅을 처음 할 때는 학생들에게 질문의 유형을 알려주고 유형별로 예시 질문을 보여주며 질문을 만들어 보는 활동을 먼저 해보는 것이 좋습니다. 활동을 몇 차례 거듭하며 질문하는 것이 익숙해지면 질문을 준비하는 시간을 생략하고 곧바로 본 활동을 시작합니다.

핫시팅의 대표적인 질문 유형

- **사실 확인형 질문**: 인물의 상황이나 행동에 대해 확인하는 질문
  당신은 왜 그때 그 장소에 있었나요?
  당신이 한 말의 뜻을 다시 설명해 줄 수 있나요?
  ○○ 사건은 당신에게 어떤 일이었나요?

- **감정 탐색형 질문**: 인물의 감정 상태나 내면을 묻는 질문

  그 순간 어떤 감정이 들었나요?

  ○○을 만났을 때 기분이 어땠나요?

  속으로는 정말 어떤 생각을 했나요?

- **이유·동기 파악형 질문**: 인물이 특정 행동이나 결정을 한 이유를 묻는 질문

  왜 그런 결정을 내렸나요?

  그 선택을 하게 된 계기는 무엇인가요?

  다른 선택지도 있었을 텐데, 왜 그 길을 택했나요?

- **관계 분석형 질문**: 다른 인물과의 관계나 인물에 관한 생각에 대한 질문

  ○○와의 관계는 어땠나요?

  그 사람을 신뢰했나요? 왜요?

  그 사건 이후 당신과 ○○의 관계는 어떻게 변했나요?

- **가정·상상형 질문**: 다른 상황을 가정하거나, 상상 속의 반응을 이끌어내는 질문

  만약 다시 돌아간다면 같은 선택을 할 건가요?

  그때 ○○가 도와줬다면 어떻게 달라졌을까요?

  미래에 당신은 어떤 삶을 살고 있을까요?

  앞으로 어떤 계획을 갖고 계시나요?

- **도덕적·비판적 질문**: 인물의 행동이나 선택의 옳고 그름을 따져보는 질문

  당신의 행동은 정당했다고 생각하나요?

  그 결정이 다른 사람에게 어떤 영향을 끼쳤는지 알고 있었나요?

지금 생각해 보면 후회되는 점은 없나요?

- **독자 연결형 질문**: 현재의 독자와 연결 지어보는 질문
  요즘 아이들이 당신의 상황에 처한다면 어떤 조언을 해주고 싶나요?
  당신의 이야기를 통해 독자들이 배웠으면 하는 점은 무엇인가요?

④ 질문하고 대답하기

학생들은 한 명씩 준비한 질문을 인물에게 던지고, 인물 역할을 맡은 학생은 그 질문에 답변합니다. 정해진 의자에 앉아 질문에 답변하는 학생(핫시터)은 자신의 생각이 아니라 책 속 인물의 입장에서 답해야 합니다. 즉 실제로 작품 속 인물이 되었다고 생각하고 그 인물의 감정과 상황에 몰입해 답변합니다. 이때 교사는 학생들이 적극적으로 참여할 수 있도록 질문을 유도하고, 학생의 질문을 구체화하거나 질문의 핵심을 전달합니다. 교사도 학생들과 함께 참여하여 다양한 질문을 나누면 좋습니다.

⑤ 활동 마무리하기

핫시팅이 끝난 뒤에는 전체적으로 느낀 점, 새롭게 알게 된 점 등을 나누는 시간을 갖습니다. 인물의 관점에서 생각해 보며 독자의 입장 변

책 읽어주는 교실

화, 이해의 확장 등에 대해 대화를 나눕니다. 이 활동 이후에는 인터뷰
기사 쓰기, 인물 탐구 보고서 쓰기, 일기 쓰기 등의 활동으로 확장할 수
도 있습니다.

핫시팅 질문 예시 1

- 작　품: 『프린들 주세요』(앤드루 클레먼츠)
- 핫시터: 주인공 닉 앨런

1) 왜 '펜'을 '프린들'이라고 부르기로 했나요? 어떤 생각에서 시작된 건가요?

2) 처음부터 '프린들'이라는 단어가 널리 퍼질 줄 알았나요?

3) '프린들'이라는 말을 만들면서 선생님과 갈등이 있었지요? 선생님과 갈등할 때 어떤 마음이었나요?

4) 혹시 그레인저 선생님의 의도를 처음부터 알고 있었나요?

5) 왜 사람들은 새로운 말을 쓰기 어려워할까요? 당신은 그걸 어떻게 바꿔보려고 했나요?

6) 말(단어)이란 누가 만들고, 어떻게 의미를 갖게 된다고 생각하나요?

7) '프린들 사건' 이후 자신이 어떻게 달라졌다고 느끼나요?

8) 그 일 이후, 다른 문제에 부딪힌다면 어떤 방식으로 해결할 것 같나요?

9) 그레인저 선생님의 편지를 받고 어떤 생각이 들었나요?

10) 프린들로 인해 전국적으로 유명해지고 돈도 많이 벌었는데 또 다른 단어를 만들 생각은 없나요? 만약 만든다면 어떤 말을 만들 계획인가요?

3부 독서 흥미를 높이고 생각을 키우는 독서 활동

- 작　품:『프린들 주세요』(앤드루 클레먼츠)
- 핫시터: 그레인저 선생님

1) 선생님은 왜 단어의 정의와 정확한 사용을 그렇게 중요하게 생각하시나요?

2) 선생님께 '언어'란 무엇인가요? 단어는 누가 만드는 것이라고 생각하나요?

3) '프린들'이라는 단어가 생긴 걸 처음 들었을 때 어떤 기분이었나요?

4) 선생님은 닉이 '프린들'을 처음 만들어 냈을 때 어떤 생각을 하셨나요?

5) 닉이 '프린들'을 퍼뜨릴 때, 선생님은 정말로 화가 나셨던 건가요? 아니면 다른 의도가 있었나요?

6) 선생님은 '프린들'이 사진에 실릴 거라는 걸 처음부터 예상하셨나요?

7) 학생들이 새로운 아이디어를 낼 때, 선생님은 어떤 태도를 가지려고 노력하시나요?

8) 언어의 규칙을 지키는 것과 새로운 것을 창조하는 것 중 무엇이 더 중요하다고 생각하시나요?

9) 닉에게 편지를 써서 5년 뒤에 열어보라고 하신 이유는 무엇이었나요?

10) 닉에게 편지를 쓰면서 어떤 마음이 들었나요?

11) 만약 지금 다른 학생이 또 다른 단어를 만들어 낸다면 어떻게 하실 건가요? 닉에게 했던 것과 똑같이 하실 건가요?

12) 프린들이 사전에 올라간 걸 보고 어떤 생각이 드셨나요? 자랑스러우셨나요?

13) 닉이 '프린들'을 만들어 냈던 그 사건이 선생님의 삶에 어떤 영향을 미쳤나요? 그 경험이 선생님을 어떻게 변화시켰는지 궁금합니다.

핫시팅 질문 예시 3

- 작　품: 『진짜 도둑』(윌리엄 스타이그)
- 핫시터: 주인공 가윈

1) 처음에 도둑으로 몰렸을 때 어떤 기분이었나요?

2) 친구들이 당신을 의심했을 때 가장 서운했던 점은 무엇인가요?

3) 억울함을 해명하고 싶었을 텐데, 왜 침묵했나요?

4) 만약 왕이 다시 보물창고의 수문장을 하라고 하면 그 일을 할 건가요? 그 이유는?

5) 진짜 도둑이 밝혀졌을 때, 어떻게 그를 용서할 수 있었나요?

6) 왕이나 친구들이 뒤늦게 사과했을 때, 기분이 어땠나요?

7) '정의롭다'는 것은 당신에게 어떤 의미인가요?

8) 이번 사건을 통해 새롭게 깨달은 점이 있나요?

9) 다른 동물 친구들에게 해주고 싶은 말이 있나요?

10) 지금도 당신을 의심했던 친구들과 계속 좋은 관계를 맺고 있나요?

11) 만약 친구가 이런 일을 겪는다면 어떤 말을 해주고 싶은가요?

3부　독서 흥미를 높이고 생각을 키우는 독서 활동

$\boxed{3}$

역할극(Role Play)

이야기 속 세상을 보다 실감 나게 경험해 보는 시간

책을 읽은 뒤 진행하는 역할극은 학생들이 단순히 글을 읽고 이해하는 단계를 넘어 이야기 속에 직접 참여해 보는 특별한 활동입니다. 학생들은 책에 등장하는 인물이 되어 대사를 말하고 행동을 표현하면서 마치 그 세계 안으로 들어간 듯한 경험을 하게 됩니다.

이는 연극과 언뜻 비슷해 보이지만 분명히 다릅니다. 연극은 관객에게 보여주기 위해 준비하는 공연 예술입니다. 정해진 대본을 바탕으로 무대, 조명, 의상 같은 요소를 갖추고, 충분한 연습을 통해 완성도 있는 무대를 만드는 것이 특징이지요. 반면 역할극은 누군가에게 보여주기 위해서라기보다, 학생들 스스로 책 속 인물이나 상황을 직접 체험해 보는 데 의미가 있습니다. 꼭 완성된 대본이 없어도 되고 간단한 장면 설정이나 상황만 있으면 충분합니다. 학생들이 인물의 입장에서 말하고 행동해 보는 과정 그 자체가 역할극의 핵심입니다. 그래서 무대 장치나 화려한 연출이 없어도 얼마든지 가능하며 주로 수업 활동이나 독후 활

078

책 읽어주는 교실

동으로 많이 활용됩니다. 연극이 결과 중심의 공연 활동이라면, 역할극은 과정 중심의 체험 활동이라고 할 수 있습니다. 연극은 '보여주는 것'이 중요하고, 역할극은 '느끼고 배우는 것'이 중요합니다.

역할극의 가장 큰 장점은 깊은 이해와 공감을 이끌어낸다는 점입니다. 글로만 읽을 때는 쉽게 지나칠 수 있는 인물의 감정이나 갈등을 직접 연기하며 몸으로 느끼다 보면 훨씬 생생하게 다가옵니다. 학생들은 "만약 내가 그 상황에 있었다면 어떻게 했을까?"라는 질문을 자연스럽게 던지게 되고, 그 과정에서 인물의 마음뿐 아니라 친구들의 생각까지 이해하게 됩니다. 이는 단순한 독해력을 넘어 타인의 입장을 공감하는 능력으로 이어집니다.

또한, 역할극은 학생들의 표현력과 자신감을 길러줍니다. 목소리, 표정, 몸짓으로 인물을 표현하는 과정은 언어적 표현력뿐 아니라 비언어적 표현 능력까지 자극합니다. 처음에는 부끄러워하던 학생도 반복해서 무대에 서다 보면 점점 자신감을 얻게 되고, 발표에 대한 두려움을 줄이는 데 도움이 됩니다. 여기에 더해, 학생들이 함께 역할을 나누고 장면을 준비하는 과정에서는 협동심과 소통 능력도 자연스럽게 자랍니다.

결국 역할극은 단순한 놀이가 아니라, 책 읽기와 삶을 연결해 주는 다리입니다. 학생들은 책 속 이야기를 몸으로 겪으면서 인물의 마음을 이해하고, 다른 사람의 시선으로 세상을 바라보는 경험을 하게 됩니다. 이러한 경험은 책 읽기의 즐거움을 더욱 크게 하고, 더 깊은 성찰로 이어지게 합니다.

역할극을 진행하는 방법은 비교적 단순합니다. 먼저 책을 읽은 뒤, 인상 깊었던 장면이나 갈등이 드러나는 장면을 학생들과 함께 정합니다. 그런 다음 역할을 나누어 주인공, 주변 인물, 심지어 해설자까지 맡을 수 있도록 합니다. 대사는 원작을 그대로 사용해도 좋지만, 학생들이 상상력을 발휘해 새롭게 만들어 보는 것도 의미 있습니다. 작은 소품이나 간단한 의상을 활용하면 몰입도가 더 높아집니다. 짧은 연습이 끝나면 학급 앞에서 발표합니다. 이때 중요한 것은 완성도 높은 연기가 아니라 책 속 상황을 함께 체험하고 즐기는 것입니다. 발표 후에는 학생들과 함께 역할극을 하면서 느낀 기분이나 새롭게 깨달은 점을 나눕니다. 구체적인 절차와 방법은 다음과 같습니다.

역할극(Role Play) 진행 절차

1단계: 장면 선택하기

- 책 전체를 다 연기하기보다는, 책에서 가장 인상 깊었거나 극적인 장면, 또는 갈등이 뚜렷한 장면을 선정합니다. 이어질 장면을 상상하여 정할 수도 있습니다.
- 모둠별로 충분히 의논하여 결정하고, 다른 모둠과 많이 겹치지 않는 것이 좋습니다.

2단계: 역할 및 대사 정하기

• 등장시킬 인물을 정하고 한 명씩 역할을 나누어 맡습니다. 주요 인물 외에도, 해설자 역할을 넣어 상황 설명을 맡깁니다. 숫자가 안 맞으면 1인 2역을 하거나 한 인물을 두 명이 나누어 맡을 수도 있습니다.

• 원작의 대사를 그대로 활용하거나, 학생들이 새롭게 대사를 만들거나, 좀 더 자세하게 대사를 추가할 수 있습니다.

• 연극의 극본처럼 중요한 행동이나 표정 등과 함께 정리하고, 각자 맡은 부분을 간단히 메모하여 연기할 때 참고하도록 합니다.

3단계: 연습 및 발표하기

• 인물이 처한 상황이나 감정 등을 고려하여 목소리, 표정, 몸짓을 표현해 보게 합니다. 발표 장소에서의 이동 동선을 생각하여 연습하도록 합니다.

• 소품이나 의상은 가지고 있는 것을 최대한 활용하고 간단히 만들어도 됩니다.

• 연극처럼 완벽하게 연습하지 않고 부족한 부분은 즉흥적으로 연기하도록 합니다.

4단계: 느낌 나누기

• 발표가 끝난 뒤 인물의 마음이나 장면에서 느낀 점을 서로 이야기합

3부 독서 흥미를 높이고 생각을 키우는 독서 활동

니다.

- 직접 인물 역할을 해보면서 '어떤 기분이었는지', '인물의 마음을 어떻게 이해했는지' 등에 대해 이야기 나누며 활동을 마무리합니다.

〈예시〉『프린들 주세요』를 활용한 역할극 대사

- **장면 설정**

장면: 닉이 새로 만든 단어 "프린들"을 친구들에게 알려주고, 그 소문이 퍼져 선생님과 맞닥뜨리는 순간

등장인물: 닉, 친구 1, 친구 2, 그레인저 선생님, 해설자

소품: 볼펜, 종이, 책

- **대사 예시**

해설자: 어느 날, 닉은 재미있는 생각을 떠올렸습니다. "펜"이라는 단어 대신 새로운 단어를 쓰면 어떨까 하고요.

닉: 얘들아, 이제부터 펜을 "프린들(Frindle)"이라고 부르자!
(책상 위의 펜을 들며) "나 프린들 좀 빌려줄래?" 이렇게 말하는 거야!

친구 1: (웃으며) 에이, 진짜 그렇게 말한다고 사람들이 다 따라 할까?

닉: 그럼 한번 해보자! 오늘부터 학교에서 다 같이 써보는 거야.

(교실 장면)

친구 2: (손을 들고) 선생님, 저 프린들 좀 빌려도 돼요?

그레인저 선생님: (깜짝 놀라며) 뭐라고 했니? 프린들? 그건 말도 안 되는 단어야!
여긴 학교야. 올바른 영어를 써야 해. 펜은 펜이지, 프린들이 아니야.

닉: (자신 있게) 하지만 선생님, 언어는 사람들이 쓰면 새로운 단어가 될 수도 있잖아요.
"프린들"도 우리가 쓰면 진짜 단어가 될 수 있어요!

해설자: 닉의 장난 같은 아이디어는 점점 학교 전체로, 그리고 마을로 퍼져 나갔습니다.
과연 "프린들"은 정말 사전에 실리는 단어가 될 수 있을까요?

작가와의 만남
이야기 너머 작가의 창작 세계를 알아보는 시간

작가와의 만남은 학생들이 좋아하는 책의 작가를 학교에 초청하여 작가의 삶과 작품 세계에 대한 이야기를 듣고 학생들과 직접 이야기 나누는 독서교육 프로그램입니다. 이 프로그램은 책에 대한 새로운 흥미를 불어넣는 신선한 이벤트가 될 뿐만 아니라, 작가와 학생이 책을 매개로 소통하며 책의 세계를 더욱 깊게 이해하고 작가의 직업 세계를 엿볼 수 있는 기회가 됩니다. 구체적인 교육적 가치는 다음과 같습니다.

첫째, 자신이 읽은 작품을 직접 쓴 작가는 준비한 강연을 통해 학생들에게 책 속 이야기가 현실에서 어떻게 탄생했는지, 하나의 소재가 어떻게 작품으로 만들어졌는지에 대해 들려줍니다. 이러한 작가의 경험과 창작 동기를 듣고 나면 학생들은 자연스럽게 해당 작품뿐 아니라 독서 전반에 대한 관심과 흥미를 갖게 됩니다. 그리고 이는 결국 책 읽기의 즐거움과 의미를 일깨워 줍니다.

둘째, 독서와 글쓰기를 좋아하는 학생들은 작가의 삶을 통해 자신의 꿈을 구체화하고, 다른 학생들에게도 문화예술 분야의 진로에 대한 인식을 넓히는 기회가 됩니다.

셋째, 학생들이 작가의 이야기와 창작 과정, 영감의 원천 등을 들으며, 자신만의 이야기나 생각을 표현하는 능력, 즉 문학적 상상력과 창의성을 기를 수 있습니다.

넷째, 작가 초청 행사는 이후의 독서 환경과 분위기 조성, 도서관 이용, 독서 동아리 조직, 독서 토론 활동 등 학교 전체의 독서 문화 활성화의 계기가 됩니다.

작가와의 만남이 단순한 일회성 행사에 그치지 않고, 위와 같은 의미 있는 교육 활동으로 이어지기 위해서는 작가 선정부터 사전 준비, 참여 중심의 운영, 사후 활동이 체계적으로 이루어져야 합니다. 구체적인 방안은 다음과 같습니다.

가. 작가 선정과 섭외

프로그램의 성패를 좌우하는 가장 중요한 과정입니다. 작가에 따라 들려주는 내용이나 활동 방식이 달라지기 때문에 작가를 선정하고 섭외하는 것이 특히 중요합니다.

• 작가 선정하기

작가를 선정할 때는 학생들과 꾸준히 책을 읽으면서 선생님이나 아이들이 좋아하는 작품의 작가 중에서 '정말 이분을 직접 만나고 싶다, 이 분의 이야기를 들어보고 싶다'는 마음이 드는 작가 중에 선정합니다. 주변 사람들이나 인터넷을 통해 후보를 두세 명 정해놓고 그 작가가 독자와의 만남에서 어떤 이야기를 했고 참석자들의 반응이 어떠했는지 미리 알아보고 참고하는 것이 좋습니다.

- 작가 섭외하기

작가에게 연락할 때는 출판사에 목적을 이야기하고 연락처를 문의하면 알려줍니다. 전화번호보다는 이메일을 알려주는 경우가 많습니다. 인기 작가일수록 섭외가 어렵습니다. 섭외가 성공하기 위해서는 작가의 마음을 움직일 수 있도록 정성을 들여 이메일을 작성합니다.

나. 사전 준비

사전 준비를 어떻게 하느냐에 따라 학생들이 관심도와 참여도가 달라지기 때문에 준비에도 많은 신경을 써야 합니다.

- 독후 활동과 질문 준비

작가의 작품을 읽고 작품에 대한 감상을 감상 글, 편지, 특정 장면이나 캐릭터 그림, 책갈피, 그림엽서 등 다양한 형식으로 표현합니다. 학생들의 결과물을 행사장 전시에 활용할 수 있도록 큼직하게 만드는 것이 좋습니다. 그리고 학생들에게 작가에게 질문하는 시간이 있다는 것을 안내합니다. 평소 질문을 어려워하는 학생들이라면 이런 자리에서 주로 어떤 질문들을 많이 하는지 힌트를 줄 수도 있습니다. 그러나 의무적으로 질문을 준비하라고 하면 부담만 줄 수 있습니다. 행사 당일 작가의 강연을 듣고 나서 자연스럽게 떠오르는 질문을 하면 됩니다. 학생들의 질문이 다양하지 못하거나 적극적이지 않을 때는 교사도 질문에 참여하여 다양한 이야기를 들을 수 있도록 합니다.

• 행사장 꾸미기

강당 같은 큰 공간보다는 교실 정도의 크기가 편하게 대화하기에 더 적당합니다. 행사장은 작가의 책 표지 그림이나 작품 속 인물 사진, 그리고 학생들의 독후 활동 결과물을 활용하여 전면이나 옆면에 자연스럽게 꾸미는 것이 좋습니다. 초대받은 작가는 특히 학생들이 정성스럽게 만든 독서 활동 결과물을 보면 기분 좋게, 그리고 성심껏 강연에 임할 것입니다.

다. 행사 운영

본 행사는 작가와 작품에 관심이 많고 행사를 진행해 본 경험이 있는 많은 학생이 있으면 북 토크 형식으로 진행할 수 있습니다. 학생이 작가의 이야기를 충분히 이끌어내기에 무리가 있다고 생각하면 작가의 강연과 질의응답 중심의 일반적인 형식으로 진행하는 것이 좋습니다.

• 작가 소개

대표 학생이나 교사가 작가의 이름, 주요 작품, 수상 경력, 활동 이력 등을 간단히 소개합니다. 학생들이 작가를 친근하게 느낄 수 있도록 짧은 에피소드나 대표작의 한 장면을 언급해도 좋습니다.

• 작가 강연

작가가 자신의 어린 시절, 글을 쓰게 된 계기, 작가로서의 생활 등을 이야기합니다. 작품이 탄생한 배경과 집필 과정, 작품 속에 담긴 주제나 메시지를 들려줍니다. 동화 속 캐릭터나 장면에 얽힌 비하인드 스토리를 들려주는 경우도 많습니다.

• 질의응답

학생들이 미리 준비한 질문이나 현장에서 떠오른 질문을 작가에게 직접 묻습니다. "어떻게 하면 작가가 될 수 있나요?", "이 장면은 왜 이렇게 쓰셨나요?", "○○ 캐릭터는 어떻게 탄생하게 되었나요?" 같은 구체적인 질문이 주를 이룹니다. 작가에게 강연에서 다 하지 못한 이야기를 들을 수 있도록 교사도 같이 질문하는 것이 좋습니다.

- 사인회 및 기념 촬영

작가의 사인을 받거나, 함께 사진을 찍으며 만남을 마무리합니다. 학생들에게는 책과 작가, 독서에 대한 긍정적인 기억을 남기는 시간입니다. 작가의 사인은 A4 종이에 받아도 되지만 작가의 책에 받는 것이 가장 좋습니다. 예산이 넉넉하다면 모든 학생들에게 간직하고 싶은 책을 미리 신청받아 사주면 좋겠습니다. 예산이 한정적이라면 사전에 독서 퀴즈나 독후 활동 결과를 보고 선정하여 제한된 인원에게 책을 사줄 수도 있습니다.

라. 사후 활동

- 감상 정리 및 공유

작가와의 만남 후 서로의 느낌이나 생각을 나누는 시간을 갖습니다. 학생들이 글쓰기를 싫어하지 않는다면 소감문이나 에세이를 써서 공유해도 좋습니다.

- 독서 문화 만들기

작가와의 만남을 통해 얻은 긍정적인 독서 경험이 지속적인 책 읽기 습관으로 이어지도록 환경을 조성합니다. 관련 작가 코너 도서 전시, 작가가 강의에서 언급하거나 추천한 도서 구입 및 전시, 동화 창작하기 등을 할 수 있습니다.

이 프로그램이 단지 유명인을 만나는 일회적인 행사에 그치지 않으려면 평소의 독서 활동과 연결되어야 하고 사전 준비-본 행사-사후 활동이 유기적으로 이어져야 합니다. 작가와의 만남은 그 자체로도 뜻깊은 행사이지만, 체계적인 독서교육의 일부로 계획하고 실행한다면 학생들에게 더욱 깊은 감동과 배움을 줄 수 있습니다. 작가와의 만남을 통해 책을 더욱 깊이 있게 이해하고, 삶과 문학의 연결을 느끼며, 독서를 살아 있는 경험으로 느낄 수 있기 때문에 아이들에게 이 프로그램을 한 번은 꼭 경험시켜 주면 좋겠습니다.

5

작가 탐방

작가의 삶과 작품 현장을 따라가는 문학 여행

작가 탐방이란 문학 기행의 한 종류로, 작가의 삶과 작품 세계를 더 깊이 이해하기 위해 작가의 출생지, 생가, 집필 장소, 무덤, 기념관 등을 직접 찾아가서 체험하는 활동을 의미합니다. 독자는 단순히 작품을 읽는 것을 넘어 작가가 살았던 시대적 배경과 환경을 체험함으로써 작품에 대한 이해와 감상을 풍부하게 할 수 있습니다. 작가 탐방은 구체적으로 다음과 같은 교육적 의의를 지닙니다.

첫째, 작가가 작품을 쓸 당시의 사회적 배경과 문화적 배경을 현장에서 직접 느끼며 작품 속 인물이나 사건을 더 생생하게 이해할 수 있습니다.

둘째, 작가의 삶의 발자취를 따라가며 그의 삶과 고뇌를 간접적으로 체험하고 작가의 정신적 유산을 느껴볼 수 있습니다.

셋째, 책이나 자료만으로는 얻을 수 없는 현장의 분위기, 풍경, 정서 등을 오감으로 경험할 수 있다는 점이 가장 큰 특징입니다.

넷째, 결국 작가의 삶과 작품 세계에 대해 더 생생하게 이해함으로써

091

작가의 작품과 문학에 대한 흥미와 관심, 그리고 작품을 보는 안목을 높일 수 있습니다.

작가와 장소를 선택할 때는 학생들의 관심과 의사를 가장 우선으로 고려해야 합니다. 작가 탐방이 학생들이 흥미와 관심을 가지고 참여해야 의도한 교육적 효과를 얻을 수 있기 때문입니다. 따라서 교사가 생각하는 작가의 책을 아이들과 읽으면서 학생들의 반응을 살펴보고 학생들이 흥미를 보일 것으로 생각될 때 작가 탐방을 제안하는 것이 좋습니다. 고학년의 경우 아이들에게 직접 찾아가고 싶은 작가를 물어보고 그중에 선정해도 좋습니다.

장소는 탐방을 갔을 때 작가의 생가나 주요 집필 장소가 잘 보존되어 있고, 작가의 유품이나 작품의 일부를 재현해 놓은 기념관에서 전문 해설가의 설명을 들을 수 있는 곳이 좋습니다. 안타깝게도 동화 작가는 소설 작가와 달리, 작가의 생가나 작품의 배경 장소가 보존되거나 재현되어 있는 사례가 많지 않아서 작가 탐방을 갈 만한 장소를 찾기가 쉽지 않습니다.

안동시 일직면에는 권정생 작가가 평생을 살면서 집필 활동을 한 생가가 보존되어 있고, 그의 유품과 육필 원고, 작품집 등이 전시된 기념관 ‘권정생 동화나라’가 운영되고 있습니다. 사전에 해설을 신청하면 생가와 기념관을 오가며 권정생 작가의 삶과 일화, 작품 세계에 대해 들을 수 있습니다. 작가의 삶 자체가 우리 현대사의 한 장면이라 할 만큼 많은 일을 겪었고, 모범적인 어른으로서 작가 정신과 지성인으로서의 면모를 보여주신 분이기에 이곳을 방문하여 그의 삶과 사상을 체험해 아이들과 함께 보시기를 적극 추천합니다.

탐방이 끝난 후에는 다녀온 소감을 나누는 시간을 갖습니다. 돌아가며 간단히 새롭게 알게 된 점이나 느낀 점을 이야기하거나 소감문을 작성하여 발표하는 시간을 갖습니다. 권정생 작가의 경우 어린이용 전기가 나와 있어 이를 소개하고 관심이 있는 학생들에게 읽어보기를 권해 봅니다.

3부 독서 흥미를 높이고 생각을 키우는 독서 활동

권정생 작가의 생가

권정생 어린이문학관

$$\boxed{6}$$

서점 나들이

마음이 끌리는 책을 직접 만나는 설레는 시간

　서점 나들이는 아이들을 서점에 직접 데리고 가서 서가에 꽂힌 다양한 책들을 둘러보고, 읽고 싶은 책을 직접 고르면 그 자리에서 학교 예산으로 구입하여 책을 안겨준 활동입니다. 이 활동은 단지 책을 사주는 행위를 넘어 학생들에게 책 선택의 즐거움을 경험하게 하고, 책에 대한 애착과 소유감을 심어줍니다. 그리고 아이들 스스로 독서를 주도할 수 있는 힘을 길러줍니다. 또한 친구들과 함께 책을 둘러보고 고르는 과정에서 서로의 관심사를 이해하고 소통하는 기회가 됩니다.

　이 활동은 교실을 떠나 평소 잘 가지 않던 서점을 방문하여 자신이 원하는 책을 직접 구입할 수 있어 학생들의 만족도가 높고, 활동의 준비나 진행에 부담이 적어 쉽게 할 수 있습니다. 다만 학생들에게 책을 사줄 수 있는 예산이 확보되어야 하는데, 전년도에 미리 관련 예산을 신청하여 학교 자체 예산에서 확보하거나 학년 초에 교육청에서 공모하는 독서 동아리 사업에 지원하여 예산을 확보할 수 있습니다.

3부 독서 흥미를 높이고 생각을 키우는 독서 활동

서점 나들이는 일정 기간 동안 독서 활동을 꾸준히 한 후에 그에 대한 일종의 보상으로서 특별한 시간으로 운영하면 좋습니다. 서점을 방문하기 전에 아이들과 '어떤 책을 사고 싶은지', '평소 관심 있는 주제는 무엇인지' 이야기해 보며 기대감을 높입니다. 독서 취향을 나누는 시간은 학생들에게 서로를 더 이해하게 만드는 계기가 됩니다. 대형 서점을 가면 다양한 책을 접할 수 있겠지만, 학생용 책이 거의 없는 아주 작은 서점이 아니라면 동네 서점에서도 제한된 도서 안에서도 학생들이 자신이 원하는 책을 고르고 만족하는 모습을 볼 수 있었습니다. 그리고 동네 서점이 접근성이 좋아서 주말에 부모님과 그 서점을 다시 방문하여 당일 사고 싶었지만 사지 못했던 책을 구입해서 자랑하는 학생들도 있었습니다.

서점에 가면 아무래도 만화책이 먼저 눈에 들어오고 이를 원하는 학생들이 많습니다. 현장에서 이 문제로 학생들과 씨름하지 않으려면, 서점에 가기 전에 먼저 만화책에 대한 허용 여부나 기준을 미리 알려주는 것이 좋습니다. 필자의 경우 해마다 조금씩 다른 기준을 적용했는데, 만화책을 허용해 주면 대부분 만화책만 선택하려는 경향이 있어서 학년 수준에 맞는 줄글책만 허용한 경우도 있고, 2권 중 1권은 학습 만화를 사도 좋다고 한 적도 있습니다. 그리고 개인 책은 줄글책으로 한정하되 학급 공용으로 만화책을 몇 권 사주는 방법도 있습니다. 다른 반이나 다른 학년과 함께 갈 경우 기준을 통일하는 것이 학생들의 혼란을 막을 수 있습니다.

책 읽어주는 교실

평소 자신이 직접 책을 구입하여 소유한 경험이 많지 않았던 학생들은 서점에서 자신이 선택하고 고른 책에 대해 남다른 애착과 소유감을 갖게 됩니다. 이러한 애착은 책을 구입한 순간이 가장 크기 때문에 책을 구입한 후에는 바로 그날 책 읽기 과제를 제시하거나 다음 날부터 책 읽는 시간을 가지도록 합니다.

그리고 다 읽고 나서 책 소개 자료를 만들어 친구들에게 자신의 책을 소개하고, 친구의 소개를 듣고 관심이 가는 책은 친구들과 서로 교환하여 읽을 수 있도록 권유합니다.

3부 독서 흥미를 높이고 생각을 키우는 독서 활동

독서 퀴즈

이야기를 되새기며 펼치는 즐거운 도전

독서 퀴즈는 정해진 책을 읽고 그 내용을 바탕으로 퀴즈를 풀어보는 활동입니다. 독서 퀴즈를 통해 책을 읽은 후 내용을 얼마나 이해하고 있는지를 확인하고, 책에 대한 흥미와 집중력을 높일 수 있습니다. 또 학생들이 자신의 취향과 맞지 않거나 부담감을 느껴 평소에는 잘 읽지 않지만 작품성이나 주제 의식이 있는 우수한 책을 읽도록 유도하는 장점이 있습니다.

독서 퀴즈 대회를 할 때 순위를 매겨 경쟁시키는 대회 형태는 친구들 간에 지나친 경쟁의식과 스트레스를 유발하고 책에 대한 부정적인 의식을 갖게 할 수 있습니다. 이러한 부작용을 줄이기 위해서는 독서 퀴즈를 대회로 진행하더라도 순위 중심 선발 대신, 일정 기준을 정하고 그 기준 이상의 정답률을 얻으면 보상하거나 인정해 주는 형태로 진행하는 것이 좋습니다.

학생들이 책을 읽도록 만드는 것을 목적으로 독서 퀴즈를 진행하면

인정 기준을 높게 정하지 말고, 책을 정독하면 누구나 통과할 수 있을 정도의 기준을 잡는 것이 좋습니다. 그리고 정답을 확인하면서 잘못 이해한 부분이나 놓친 부분을 재확인하며 이야기에 대한 이해도를 높일 수 있습니다.

독서 퀴즈를 위해 책을 끝까지 읽고 그 내용에 대한 문제를 만드는 것은 쉬운 일이 아닙니다. 특히 학교나 학급에서 정기적으로 실시한다면 매번 큰 부담이 됩니다. 문제를 만들 때 학생들을 참여시키면 교사의 부담도 줄고, 학생들도 활동에 관심을 갖고 더욱 적극적으로 참여하게 됩니다. 그리고 학생들이 문제를 직접 만들면서 내용에 대해 다시 한번 생각해 보게 되고 주어진 문제의 정답만 찾는 것보다 내용을 더욱 오래 기억하게 됩니다.

필자의 경우 매달 또는 분기별로 필독서를 정하고 그 책을 바탕으로 독서 퀴즈를 진행하는데 학생들에게 그전까지 책을 읽고 여섯 문제 이상 만들어 오도록 합니다. 그리고 지역 교육지원청에서 실시하는 독서 퀴즈 대회에 참가하는 학생들에게도 각자 책을 읽고 문제를 만들어서 같이 풀어보도록 했습니다. 이렇게 하여 교사의 준비와 지도 부담을 줄이면서도 이전에 교사 주도로 준비했던 것보다 우수한 성과를 거둘 수 있었습니다.

주제 글쓰기

작품의 메시지와 주제에 대해 나만의 글로 담아보는 시간

책을 읽고 난 후 그 감동이나 생각을 오래 기억하고 싶다면 주제 글쓰기 활동이 좋은 방법이 될 수 있습니다. 주제 글쓰기는 책 속에서 느낀 중요한 메시지나 생각할 거리를 바탕으로 글을 쓰는 활동입니다. 이는 단순히 줄거리를 정리하거나 감상을 나누는 것을 넘어 책이 전달하려는 의미를 스스로 해석하고 자신의 생각을 깊이 있게 표현할 수 있게 도와줍니다.

예를 들어, 어떤 책에서 '용기'가 중요한 주제로 느껴졌다면 그 책 속 인물의 행동을 떠올리며 '진짜 용기란 무엇일까?'를 주제로 글을 써볼 수 있습니다. 또는 '우정', '가족', '차별', '환경 보호' 등 책을 통해 떠오른 다양한 주제를 선택해 자신의 경험이나 생각을 연결해 보는 것도 좋습니다. 주제 글쓰기를 통해 학생들은 다음과 같은 능력을 기를 수 있습니다.

- 비판적 사고력: 책의 내용을 단순히 받아들이는 것이 아니라, 그 안에서 중심 생각을 스스로 찾아내는 능력을 키울 수 있습니다.
- 자기 표현력: 주제에 대한 자신의 의견을 정리하고 논리적으로 표현하는 힘이 자랍니다.
- 공감과 성찰: 책 속 인물의 삶과 감정을 이해하고, 그것을 자신의 삶과 연결하며 성찰할 수 있습니다.

교실에서 책을 다 읽은 후 함께 공통의 주제를 정해보거나 각자 떠오른 주제로 글을 써서 발표하는 활동도 가능합니다. 때로는 주제에 따라 토론을 먼저 해본 뒤, 그 내용을 바탕으로 글을 쓰는 것도 좋은 방법입니다. 그리고 특정 인물이 되어 다른 인물에게 편지를 쓰거나 특정 인물이 되어 사건이 있었던 날의 하루를 정해 일기를 써보는 활동도 가능합니다.

주제 글쓰기는 책 1권을 깊이 이해하게 해주고, 쓸 내용을 구상하는 과정에서 주제에 대해 더욱 깊이 생각하게 되어 사고력을 키워주고 생각의 폭을 넓혀주며, 자신의 말로 정리하는 능력을 키워주는 소중한 활동입니다.

학생들과 해볼 수 있는 글쓰기 주제 및 내용

『로테와 루이제』

- **나에게도 쌍둥이 자매(형제)가 있다면?**

  작품 속 로테와 루이제처럼 나에게도 나와 꼭 닮은 쌍둥이 자매(형제)가 있다면 어떤 일이 벌어질지 상상하여 써보세요.

- **내가 다른 사람의 삶을 대신 살아본다면?**

  자매는 서로의 역할을 바꾸어 살아보는 특별한 경험을 해요. 만약 내가 다른 사람의 삶을 며칠 동안 살아본다면 어떤 점이 달라질까요? 친구, 형제자매, 부모님의 입장이 되어 보는 상상을 하고 써봅시다.

- **이혼한 부모님이 다시 만나는 게 꼭 좋은 일일까?**

  이 책에서는 부모님이 다시 만나 가족이 하나가 되었어요. 하지만 모든 경우에 이게 꼭 좋은 선택일까요? 나의 생각과 이유를 밝혀 글을 써봅시다.

- **용기를 냈던 순간**

  로테와 루이제는 큰 결심과 용기를 가지고 행동했어요. 여러분도 용기를 내서 어떤 일을 했던 경험이 있나요? 망설였지만 해낸 일과 그때 느낀 감정 등을 글로 써봅시다.

『몽실 언니』

- 나도 몽실 언니처럼 살아갈 수 있을까?

  주인공 몽실이는 어려움 속에서도 끝까지 가족을 책임지고, 자신을 희생하는 삶을 살아갑니다. 내가 만약 몽실 언니 같은 상황에 처한다면 몽실 언니처럼 살 수 있을지 생각해 보고 글을 써봅시다.

- 전쟁이 우리 삶에 끼치는 영향

  『몽실 언니』 속에는 전쟁으로 인해 가족이 흩어지고, 삶이 피폐해진 사람들의 모습이 담겨 있습니다. 이 책의 내용과 다른 나라의 전쟁 사례를 바탕으로 만약 한반도에 다시 전쟁이 난다면 우리는 어떻게 될지 생각해 보고 글을 써봅시다.

『프린들 주세요』

- 어떤 신조어가 공식적인 언어가 될 수 있을까?

  최근에 사용되고 있는 신조어에는 어떤 것들이 있나요? 이러한 신조어가 널리 사용되면 모두 공식적인 언어로 인정해 줘야 할까요? 그렇게 생각하는 이유는 무엇인가요?

『진짜 도둑』

- 가원의 친구가 되어 가원을 위한 탄원서 쓰기

- 데릭의 입장에서 가원에게 사과하는 편지 쓰기

3부 독서 흥미를 높이고 생각을 키우는 독서 활동

예시 글 1

『로테와 루이제』를 읽고 가장 많이 생각하게 된 건 "정말 이혼한 부모님이 다시 만나면 모두가 행복할까?"라는 질문이었다. 작품 속에서 로테와 루이제는 부모님이 다시 함께 살기를 바랐고, 결국 그 꿈을 이루게 된다. 하지만 현실에서는 꼭 그렇게 되는 게 좋은 일만은 아닐 수도 있다는 생각이 들었다.

내 친구 민지는 부모님이 어릴 때 이혼했다. 민지는 엄마와 함께 살았고, 아빠는 가끔 만나러 왔다. 민지는 한동안 부모님이 다시 만났으면 좋겠다고 말하곤 했다. 그런데 몇 년 전에 진짜로 두 분이 다시 만났고, 함께 살기 시작했다. 처음에는 민지도 기뻐했지만, 시간이 지나면서 분위기가 달라졌다고 했다. 부모님은 또다시 자주 다투었고, 서로를 이해하려는 노력보다는 옛날처럼 감정싸움이 많아졌다. 민지는 오히려 예전처럼 따로 사는 게 더 편했다고 말한 적이 있다. 그때 나는 부모님이 같이 있는 것만이 무조건 좋은 건 아니라는 걸 알게 됐다.

『로테와 루이제』 속에서는 부모님의 재회가 해피엔딩으로 그려졌지만, 현실에서는 그렇게 단순하지 않다. 중요한 건 부모님이 서로를 진심으로 이해하고 바뀌려는 마음이 있는지, 그리고 아이에게 어떤 환경이 더 안정적인지를 생각하는 일이다.

나는 이혼한 부모님이 다시 만나는 것이 항상 좋은 일이라고는 생각하지 않는다. 때로는 거리를 두고 각자의 삶을 존중하면서도, 아이를 함께 돌보는 것이 더 건강한 가족의 모습일 수도 있다. 결국 진짜 중요한 건 '함께 사는가'보다 '어떻게 관계를 맺고 있는가'라고 생각한다.

가윈에게.

안녕, 가윈.

너의 친구 데릭이야.

너에게 진심으로 미안하다는 말을 하고 싶어서 이렇게 편지를 쓴다. 이 편지를 쓰는 것이 너무 늦었다는 것을 잘 알아. 하지만 용기 내어, 이제라도 진심을 전하고 싶어.

내가 너에게 얼마나 큰 상처와 고통을 주었는지, 그리고 너의 삶을 얼마나 힘들게 만들었는지 생각하면 가슴이 아프다. 네가 억울하게 감옥에 갇히고, 재판장에서 모두의 의심을 받으며 왕국을 떠나 도망칠 때, 나는 숨어서 그 모든 것을 지켜보고 있었어. 네가 날아가는 그 순간, 나는 내가 진짜 도둑이라고 밝히고 싶었지만 용기가 나지 않았어. 너의 눈빛 속에서 느꼈던 절망과 배신감은 나를 평생 따라다닐 것만 같아.

보물창고에 들어가 훔친 건 분명 나였어. 단순한 호기심이었고, 그 순간에는 깊이 생각하지 못했어. 하지만 내가 얼마나 큰 잘못을 저질렀는지는 네가 억울하게 고통받는 모습을 보며 뼈저리게 느꼈어.

나는 그저 초라한 내 삶과 대비되는 왕실 보물들의 아름다움에 홀려버렸던 것 같아. 보석들이 내 방에 가득할 때 잠깐은 부자가 된 것 같고, 중요한 존재가 된 것 같은 착각에 빠지기도 했어. 하지만 그 기쁨은 오래가지 않았어. 아니, 사실 기쁨이 아니라 끊임없는 죄책감과 불안감이었어. 너를 도둑으로 몰아넣고 나 혼자 몰래 행복을 누릴 수는 없었기 때문이야.

결국 나는 견딜 수가 없어서 보물들을 제자리에 돌려놓기 시작했고, 그 과정에서 진짜 도둑이 나라는 것이 알려지길 바랐어. 그리고 너를 찾아가 모든 것을 고백하고 용서를 빌기로 결심했지.

내가 너에게 저지른 일은 어떤 말로도 용서받기 힘들다는 것을 알아. 너의 정직함과 성실함이 온전히 무너지는 모습을 보면서도 침묵했던 나의 비겁함을 후회해. 친구로서, 또한 왕국의 신하로서 너에게 해서는 안 될 짓을 했어.

가윈, 내가 너에게 깊이 사과할게. 미안해. 정말 미안해.

네가 나를 용서해 주지 못하더라도 이해할 수 있어. 하지만 나는 네가 다시 왕국으로 돌아와 모두에게 존경받고 행복하게 지내기를 진심으로 바라. 만약 네가 나를 아주 조금이라도 용서해 줄 수 있다면, 그리고 다시 친구가 될 수 있는 기회를 준다면, 나는 평생 너에게 받은 은혜를 갚으며 살고 싶어.

너의 너그러운 마음을 알기에 조심스럽게 부탁해. 다시 한번 진심으로 사과하며, 네가 행복하기를 기도할게.

너의 오랜 친구, 데릭이.

4부

아이들에게 꼭
읽히고 싶은 책 1:
초등 2~4학년용

『화요일의 두꺼비』

한겨울 두꺼비의 모험과 용감한 우정을 그린 동화

작　가: 러셀 에릭슨

그　림: 김종도

번　역: 햇살과나무꾼

출판사: 사계절

쪽　수: 119쪽

출　간: 2008년 (미국 1974년)

대　상: 초등 2~6학년

　『화요일의 두꺼비』는 동물 캐릭터를 중심으로 한 따뜻하고 모험적인 이야기를 많이 선사해 준 작가 러셀 에릭슨의 대표작으로, 두꺼비 워턴이 천적인 올빼미에게 잡혀 위기를 넘기고 결국은 둘이 친구가 되는 과정을 흥미진진하게 그리고 있어 저학년부터 고학년까지 모두가 재미있게 읽을 수 있는 작품입니다.

　한 자리에서 모두 읽을 수 있을 정도의 길이지만, 인물의 심리 변화와 생각지 못한 반전, 흥미를 고조시키는 클라이맥스가 돋보입니다. 그리고 천적 관계가 친구로 발전하는 과정을 담고 있어 새 학년이 되어 새로운 친구들을 만나는 3월에 함께 읽고 이야기 나누기 딱 좋은 책입니다.

이 책을 읽고 있으면 한 편의 만화영화를 보는 듯한 느낌이 듭니다. 실감 나는 삽화가 많이 그려져 있기도 하지만 현실에서는 일어날 수 없는, 상식을 뛰어넘는 이야기가 만화처럼 유쾌하고 재미있게 펼쳐지기 때문입니다. 이야기의 내용은 다음과 같습니다.

워턴은 형이 만들어 준 과자를 툴리아 고모에게 가져다드리려고 길을 나섰다가 올빼미에게 잡히고 맙니다. 올빼미는 워턴을 자기 생일날 잡아먹으려고 나무 꼭대기에 있는 둥지에 가두어 놓습니다. 명랑한 성격을 타고난 워턴은 두꺼비의 생일날이 되기 전에 이곳을 빠져나갈 궁리를 하면서도 지저분한 올빼미의 집을 청소하기도 하고, 밤에는 올빼미와 차를 함께 마시며 여러 가지 이야기도 나눕니다.

워턴은 궁리 끝에 스웨터의 털실을 풀어 사다리를 만들어 탈출하기로 합니다. 그러나 올빼미에게 계획이 들켜서 실패하고 맙니다. 이제 모든 것을 포기하고 절망과 슬픔에 빠져있을 때 사슴쥐가 나타나 도움을 줍니다. 그리고 올빼미의 집을 무사히 빠져나오게 됩니다. 이야기가 이쯤에서 끝이 날 줄 알았는데 새로운 전개가 이어집니다.

지금까지 친구가 없었던 올빼미 조지가 워턴과 같이 지내는 동안 생각을 바꾸고 워턴에게 친구가 되고 싶다는 편지를 남긴 것입니다. 이 편지를 보지 못하고 조지의 둥지를 빠져나와 사슴쥐 무리와 들판을 달리던 워턴은 조지가 여우의 공격을 받아 위기에 빠진 것을 발견하고 조지를 구해줍니다. 그리고 둘이 친구가 되는 것으로 이야기가 마무리됩니다.

추천 이유

- 유머와 따뜻함, 반전이 있는 흥미로운 이야기 전개로 재미와 감동을 보장합니다.

- 짧은 분량이지만 이야기의 기승전결이 뚜렷해 독서 초보자에게 적합합니다.

- 확연히 다른 두 인물이 친구가 되는 과정을 지켜보며 따뜻한 우정과 배려의 가치를 자연스럽게 배우게 됩니다.

함께 이야기 나눌 거리

1 워턴은 왜 한 겨울에 먼 길을 떠났나요?

2 올빼미는 왜 워턴을 바로 잡아먹지 않고 화요일까지 기다리기로 했을까요?

3 워턴은 올빼미 집에서 달아나기 위해 어떤 시도를 했나요? 그 시도는 어떻게 되었나요?

4 조지는 화요일이 되기 직전 생각을 어떻게 바꾸나요? 조지가 생각을 바꾼 이유는 무엇이라고 생각하나요?

5 워턴은 어떻게 올빼미의 집에서 탈출할 수 있었나요?

6 조지는 어쩌다가 여우의 공격을 받게 되었나요?

7 워턴은 왜 위기에 처한 조지를 도와주었을까요?

8 워턴과 올빼미의 성격은 어떻게 다른가요? 어떤 말이나 행동을 보고 알
수 있나요?

9 이 이야기에서 가장 인상 깊었던 장면이나 대사는 무엇이었나요? 이유
는요?

10 워턴이나 조지에게서 배울 점이 있을까요?

11 여러분도 친하게 지내고 싶은 사람이 있나요? 그 사람과 친구가 되려면
어떻게 하면 될까요?

12 이 이야기를 동화가 아닌 현실로 바꾼다면, 어떤 상황으로 바꿔볼 수 있
을까요?

13 만약 이 이야기에 '수요일의 다람쥐'라는 속편이 나온다면, 어떤 내용이
이어질지 상상해 보세요.

책 읽어주는 교실

『가슴 뭉클한 옛날이야기』

우리 옛이야기의 매력을 제대로 전해주는 모음집

작　가: 김장성
그　림: 권문희
출판사: 사계절
쪽　수: 108쪽
출　간: 1998년
대　상: 초등 2~6학년

　『가슴 뭉클한 옛날이야기』에는 옛이야기를 읽는 재미와 매력을 제대로 느낄 수 있는 이야기 다섯 편이 실려 있습니다. 사람보다 더 효성이 지극한 호랑이 이야기, 비록 몸은 불편하지만 서로 돕고 위하며 아름다운 우정을 꽃피운 앉은뱅이와 장님 친구 이야기, 정성을 다해 남편의 병을 고친 아내 이야기, 남의 복을 빌려 잘살게 되자 은혜를 갚는 이야기, 형제간의 우애와 정을 담은 이야기 다섯 편은 단순히 권선징악의 교훈을 넘어, 가족애, 효, 인내, 용서 등 우리 삶의 중요한 가치를 다루고 있어 제목 그대로 가슴 뭉클한 감동을 선사합니다. 군더더기 없는 간결한 구어체의 문장 덕분에 그대로 읽어주어도 입말로 들려주는 것과 같은 효과를 얻을 수 있습니다. 각 이야기의 내용은 다음과 같습니다.

「오봉산의 불꽃」

남편의 병을 고치기 위해 갖은 노력을 다하는 아내의 이야기입니다. 조건 없는 부부의 사랑을 보여주는 감동적인 내용이에요.

착하고 부지런한 신랑 각시가 서로 아끼며 살다 어느 날 갑자기 신랑이 몸이 썩어가는 문둥병에 걸립니다. 각시는 신랑을 살리려고 가진 재산을 모두 팔아 치료를 해보지만 재산만 날리고 살던 동네에서도 쫓겨납니다. 그러다 스님을 만나 100일 안에 오봉산을 찾아 다섯 봉우리에 불을 붙이면 신랑의 병을 고칠 수 있다는 말을 듣고 온 나라를 뒤지고 다닙니다. 100일이 다 되어 가는데 오봉산을 도저히 찾을 수 없어 남편의 죽음이라도 곁에서 지켜주기 위해 집으로 돌아가던 중 자신의 손이 오봉산임을 깨닫고 손끝에 불을 붙여 신랑을 낫게 하고 행복하게 살았습니다.

「지성이와 감천이」

장애를 가진 두 사람이 서로의 부족한 점을 채워주며 우정을 깊이 쌓아가는 이야기입니다. 두 사람의 따뜻한 마음씨와 아름다운 우정이 가슴을 훈훈하게 해줍니다.

어느 날 눈이 보이지 않는 장님 감천이가 길을 가다 다리가 없는 앉은

뱅이 지성이와 부딪혀 다투다가 서로의 처지를 알고 친구가 되기로 합니다. 지성이는 눈이 보이지 않는 감천이의 눈이 되어주고, 감천이는 다리가 없는 지성이의 다리가 되어주며 둘은 어디든 함께 다닙니다. 둘이 그렇게 힘을 합치니 형편이 저절로 좋아집니다. 우연히 발견한 금덩이를 서로 양보하다 절에 기부하여 부처님상을 완성하게 됩니다. 그러자 지성이는 눈이 번쩍 뜨이고, 감천이는 다리가 쭉 펴지는 기적이 일어나고 두 사람은 이후에도 세상에서 가장 친한 친구로 지냅니다.

「호랑이 형님」

사람보다 더 효성이 지극한 호랑이에 대한 이야기입니다. 홀어머니를 홀로 모시고 살던 나무꾼이 어느 날 산에서 호랑이를 만납니다. 나무꾼은 위기를 벗어나기 위해 호랑이를 형님이라 부르며 어머니가 형님을 애타게 기다리고 있다고 거짓말을 합니다. 호랑이는 이 말을 믿고, 차마 호랑이의 모습으로 어머니를 찾아가지는 못하고 매월 보름마다 산짐승을 한 마리씩 잡아다 줍니다. 몇 해 뒤 나무꾼의 어머니가 세상을 떠나자 호랑이는 슬픈 마음에 아무것도 먹지 않고 어머니를 부르며 슬퍼하다 죽게 됩니다. 나무꾼은 미안하고 고마운 마음에 호랑이 형님의 시체를 어머니 산소 곁에 묻어줍니다.

「헌패랭이와 새패랭이」

게으르고 심술궂은 형 헌패랭이의 욕심과 심술에도 불구하고 착하고 부지런한 동생 새패랭이가 동생의 도리를 다하며 형제간의 우애를 보여 주는 이야기입니다.

어느 날 이웃 마을에 동냥을 갔던 동생 새패랭이가 돈 꾸러미를 주워 왔는데 욕심이 난 형 헌패랭이가 그 돈을 빼앗아 달아납니다. 혼자 길을 헤매던 동생이 산속에서 빈집을 발견하고 잠을 청하는데 밖에서 도깨비들의 소리가 들려옵니다. 새패랭이가 도깨비들의 대화를 잘 들어보니 자신의 눈을 위 골짝 옹달샘의 약수로 씻으면 나을 것이고, 천석꾼 김 부자의 외동딸의 병은 지렁이 독이 올라서 그런 것이니 장독대 밑에 구덩이를 파서 기름을 붓고 불을 질러 지렁이를 태워 죽이면 되고, 아랫동네가 처한 큰 가뭄은 강의 물길을 막고 있는 금덩이를 파내면 된다는 이야기를 합니다. 도깨비들의 말대로 행한 새패랭이는 김 부자의 딸의 병을 낫게 하여 그 집 사위가 되고, 아랫마을의 가뭄을 해결해 주고 금덩이를 얻어 큰 부자가 됩니다. 하지만 항상 허전함을 느낀 새패랭이는 거지 잔치를 열어 형을 찾습니다. 헌패랭이도 동생에게 용서를 구하고 둘은 우애 깊은 형제가 되며 이야기가 마무리됩니다.

책 읽어주는 교실

「빌린 복으로 잘 산 이야기」

남에게 빌린 복으로 부자가 된 사람이 어려운 이웃에게 그 복을 나누어주며 살았다는 이야기입니다. 자신의 복이 아니라며 겸손하게 베풀었던 마음씨가 결국 복을 되돌아오게 했다는 교훈을 담고 있습니다.

옛날 어느 곳에 빌복이라는 사람이 있었는데 아주 복이 없어 아무리 열심히 일해도 남들처럼 부자가 되지 못했습니다. 어느 날 잔뜩 해 놓은 나뭇짐 중 일부가 하늘로 올라가는 걸 보고 나뭇짐에 매달려 하늘로 올라갔습니다. 그곳에서 옥황상제를 만나 하늘나라에서 텅 비어 있는 자신의 곳간을 보고 자신이 가난한 이유를 알게 되었어요. 빌복이가 눈물을 흘리며 신세를 한탄하니 곡식이 가득 찬 남덕이의 곳간을 빌려주었어요. 대신 남덕이가 태어나면 그 곳간을 돌려주기로 했습니다. 그 뒤로는 하는 일마다 잘되어 금세 큰 부자가 되었어요. 어느 겨울날 빌복이네 집을 찾아와 잠자리를 구걸하는 거지 부부를 도와주었는데 그 부부가 아이를 낳고 이름을 남덕이라고 지었어요. 빌복이는 처음에는 모른 척하려다 그 부부에게 사실을 말하고 집과 재산을 모두 돌려주기로 했어요. 그러자 거지 부부는 빌복이는 남덕이의 은인이라며 남덕이를 수양아들로 삼아 같이 살자고 했습니다. 그리하여 빌복이와 남덕이네는 한 집에서 서로 아끼고 위하며 행복하게 살았습니다.

추천 이유

- 어느 것 하나 버릴 것 없이 다섯 편 모두 옛이야기의 매력을 느끼기에 충분한 재미와 감동을 선사합니다.

- 10~15분이면 다 읽을 수 있는 짧은 분량이어서 누구나 부담 없이 읽으며 옛사람들의 따뜻한 정과 전통 가치의 소중함을 자연스럽게 느낄 수 있습니다.

함께 이야기 나눌 거리

1   책을 읽으며 어떤 생각이나 느낌이 들었나요?

2   어떤 이야기가 가장 재미있었나요? 그 이야기에서 어떤 장면이 가장 인상적이었나요?

3   이야기를 읽으며 이해하기 어려운 부분이 있었나요?

4   「오봉산의 불꽃」에서 신랑은 어떤 병에 걸리나요?

5   「오봉산의 불꽃」에서 스님은 각시에게 어떻게 하면 신랑의 병을 고칠 수 있다고 했나요?

6   '오봉산의 불꽃'은 결국 무엇을 의미하나요?

7   「지성이와 감천이」에서 두 사람은 어떻게 하여 친구가 되었나요? 그리고 서로에게 어떤 존재가 되었나요?

8   「지성이와 감천이」에서 두 사람은 우연히 발견한 금덩이를 어떻게 하였나요?

9 「지성이와 감천이」에서 두 사람이 죽을 때까지 의좋게 지낼 수 있었던 비
결은 무엇인가요?

10 「호랑이 형님」에서 나무꾼은 호랑이를 만나자 위기를 넘기기 위해 어떻
게 했나요?

11 「호랑이 형님」에서 호랑이는 나무꾼의 말을 믿고 그 이후 어떻게 하나요?

12 「호랑이 형님」에서 여러분은 호랑이에 대해 어떻게 생각하나요?

13 「헌패랭이와 새패랭이」에서 새패랭이는 어쩌다가 도깨비들을 만나게 되
나요? 그리고 그 도깨비들에게 어떤 이야기를 듣게 되나요?

14 「헌패랭이와 새패랭이」에서 새패랭이는 부잣집에 장가도 가고 잘 살게
되는데 왜 계속 허전함을 느꼈을까요?

15 「헌패랭이와 새패랭이」에서 새패랭이는 어떻게 헌패랭이를 찾을 수 있었
나요?

16 「빌린 복으로 잘 산 이야기」에서 빌복이는 왜 가난할 수밖에 없었나요?

17 「빌린 복으로 잘 산 이야기」에서 옥황상제는 빌복이에게 어떤 기회를 주
나요?

18 「빌린 복으로 잘 산 이야기」에서 빌복이는 빌린 복의 주인이 나타나자 어
떻게 하나요? 그 이후 빌복이는 어떻게 되나요?

19 「빌린 복으로 잘 산 이야기」에서 거지 부부는 왜 빌복이에게 남덕이를 수
양아들로 삼고 같이 살자고 했을까요?

『마법의 설탕 두 조각』

부모의 잔소리를 벗어나기 위해 벌인 대담하고 아찔한 소동

작　가: 미하엘 엔데(Michael Ende)

그　림: 진드라 케펙

번　역: 유혜자

출판사: 소년한길

간　행: 2001년 (독일 1991년)

쪽　수: 72쪽

대　상: 초등 2~6학년

　'엄마, 아빠가 내 말을 좀 들었으면!' 어린 시절, 부모님의 잔소리에 지쳐 이런 생각을 한 번쯤 해보지 않으셨나요? 미하엘 엔데의 동화『마법의 설탕 두 조각』은 바로 이 '부모와 자녀 간의 갈등'이라는 보편적인 문제를 작가의 뛰어난 상상력으로 유머러스하게 다루고 있어 즐겁게 몰입하여 읽으면서도 주제에 대해 깊이 생각해 보게 되는 작품입니다.

　주인공 렝켄은 세상 누구보다 착한 아이지만, 자신의 의견을 무시하고 무조건 "안 돼."라고 말하는 부모님 때문에 늘 불만입니다. 렝켄은 이 문제를 해결하기 위해 빗물 거리의 요정을 찾아가고, 부모님이 자신의 말을 듣지 않을 때마다 키가 절반씩 줄어들게 만드는 마법의 각설탕 두

조각을 얻게 됩니다.

마법의 설탕을 넣은 차를 마신 렝켄의 부모님은 잔소리를 할 때마다 점점 작아져 급기야 성냥갑 속에 살게 됩니다. 처음에는 잔소리 없는 자유를 만끽하며 기뻐하던 렝켄. 하지만 부모님이 너무 작아지자 고양이에게 잡아먹힐 뻔하는 등 온갖 위험에 노출되고, 결국 자신이 모든 것을 책임져야 하는 상황에 직면합니다.

이때 렝켄은 깨닫습니다. 잔소리 없는 자유가 진정한 행복이 아니었음을, 오히려 자신을 든든하게 지켜주던 부모님의 존재 자체가 얼마나 소중했는지를 말입니다. 렝켄은 후회하며 부모님을 원래대로 되돌리기 위해 요정이 경고했던 마법의 각설탕을 스스로 먹는 선택을 합니다.

이 동화는 단순히 부모의 권위가 약화되고 아이가 승리하는 이야기가 아닙니다. 부모의 힘이 작아지는 과정을 통해 아이의 시선으로 어른의 권위를 해체하고, 진정한 행복과 자유는 서로의 입장을 이해하고 소통하는 데 있다는 미하엘 엔데 작가 특유의 철학적 통찰을 담아냅니다.

아이들에게는 자신의 불만을 해소하는 공감을, 부모에게는 아이의 눈높이에서 자신을 돌아볼 수 있는 성찰의 기회를 제공하는 『마법의 설탕 두 조각』. 오늘날 우리 가족에게 필요한 소통의 의미를 되새겨보게 하는 명작 동화입니다.

추천 이유

- 아이들은 잔소리가 사라지고 부모가 무력해지는 상황을 보며 대리 만족과 함께 심리적 해방감을 느낄 수 있습니다. 이는 책에 대한 높은 흥미와 몰입도를 보장합니다.

- 렝켄은 부모님이 작아진 덕분에 자유를 얻지만, 곧 부모님을 돌보고 모든 일을 혼자 해결해야 하는 무거운 책임에 직면합니다. 이러한 경험은 '진정한 자유는 책임감을 동반한다'는 교훈을 주고, 현재 자신이 누리고 있는 것들(가족의 보살핌, 안정감 등)의 가치를 깨닫게 합니다.

함께 이야기 나눌 거리

1   이 이야기를 읽으며 어떤 생각이나 느낌이 들었나요?

2   어떤 장면이나 구절이 가장 인상 깊었나요? 그 장면이나 구절이 인상 깊었던 이유는 무엇인가요?

3   주인공 렝켄은 무엇 때문에(어떤 고민을 해결하려고) 요정을 찾아갔나요?

4   여러분도 부모님이 원하는 것을 들어주지 않아 속상한 적이 있나요?

5   요정은 렝켄에게 마법의 설탕을 주면서 어떤 말을 했나요?

6   렝켄은 부모님이 설탕을 먹고 작아졌을 때 어떤 점을 좋아했나요?

7   부모님이 마법의 설탕을 먹고 작아졌을 때 시간이 지나면서 어떤 문제가 생겼나요?

8   만약 여러분의 부모님도 렝켄의 부모님처럼 작아지면 어떨 것 같나요?

9   렝켄은 나중에 부모님을 원래대로 돌려놓고 싶어 요정을 다시 찾아갔을 때 요정은 어떤 해결책을 알려주었나요?

10   렝켄은 어떤 각오를 하고 스스로 마법의 설탕을 먹었을까요? (어째서 위험을 무릅쓰고 마법의 설탕을 먹었을까요?)

11   렝켄은 마법의 설탕 덕분에 오히려 부모님의 소중함을 더 절실하게 느끼게 되지요. 여러분도 부모님의 소중함을 느끼게 된 계기가 있었나요?

12   여러분은 부모님이 꼭 들어주기를 바라는 것이 있나요?

13   이 동화처럼 극단적인 마법의 상황이 아니라, 일상생활에서 부모님과의 갈등을 건강하게 해결할 수 있는 방법은 무엇일까요?

14   이 작품의 내용과 관련해서 더 이야기 나누고 싶거나 궁금한 점이 있나요?

『애완동물 키우기 대작전』

동물을 갖고 싶어 하는 마음을 위트 있게 그린 동화

작　가: 김리리
그　림: 조승연
출판사: 다림
간　행: 2014년
쪽　수: 87쪽
대　상: 초등 2~3학년

　김리리 작가의 동화『애완동물 키우기 대작전』은 소심하지만 엉뚱한 주인공 고재미와 그의 단짝 친구 재강이가 겪는 일상을 그린 '고재미 이야기' 시리즈의 세 번째 작품입니다. 재미와 친구들이 우연한 계기로 강아지, 금붕어, 심지어 이구아나까지 여러 종류의 애완동물을 키우게 되면서 벌어지는 유쾌하고도 시끌벅적한 소동을 다룹니다. 애완동물을 키우고 싶어 하는 아이들의 마음을 잘 나타낸 작품입니다. 모든 아이들은 동물을 키우고 싶어 하는 로망이 있지요. 그래서 그런지 아이들이 무척 재미있게 읽습니다. 이야기가 주는 재미도 있지만 삽화를 만화처럼 재미있게 표현해서 책을 잘 안 보는 남자아이들도 흥미를 가집니다.

같은 반 친구 소은이가 고재미에게 강아지가 생겼다며 집으로 초대해서 강아지를 보여줍니다. 고재미는 소은이의 강아지를 보자 애완동물을 키우고 싶은 마음이 더 커집니다. 그래서 재미는 부모님께 개를 사달라고 부탁하지만, 부모님은 완강하게 반대하십니다.

며칠 뒤 다솔이가 금붕어를 키우게 되었다고 이야기합니다. 그리고 재강이도 새로 산 이구아나를 자랑합니다. 이에 질세라 잘난 척 대장 마주왕도 재미를 집으로 초대해서 크고 힘센 이구아나를 자랑합니다. 재미는 마주왕의 이구아나를 구경하다 얼떨결에 자기도 이구아나를 살 거라고 말해버립니다. 그런데 부모님은 이런 재미의 간절한 마음도 모르고 반대만 합니다. 용돈을 털어서 사려고 했지만 부족해서 살 수가 없습니다.

한편 마주왕은 재강이에게 이구아나끼리 싸움을 붙여서 내기를 하자고 합니다. 지는 쪽이 이기는 쪽의 부하가 되기로 하자고. 만약 재강이가 지면 재미가 재강이 친구니까 재강이와 재미 둘 다 마주왕의 부하가 되어야 한다고 우깁니다. 마침내 토요일 아침 결투의 날, 마주왕은 놀이터 공터에 먼저 이구아나를 가지고 나와서 기다립니다. 그런데 시간이 지나도 재강이가 나타나지 않습니다. 뒤늦게 나타난 재강이는 자신의 실수로 이구아나가 죽었다며 슬퍼합니다.

그 와중에 마주왕의 이구아나가 갑자기 도망을 갑니다. 함께 이구아나를 찾다가 공터 구석에 쓰러져 있는 아기 고양이를 발견합니다. 아이들은 고양이를 동물병원으로 안고 가서 치료를 해주고 용돈을 모아 치료비를 냅니다. 그리고 그 고양이는 재미가 키우기로 합니다. 드디어 재미도 그토록 열망하던 애완동물을 갖게 되면서 이야기가 마무리됩니다.

이 책은 동물을 키우는 과정에서 겪는 책임감, 돌봄의 어려움, 그리고 생명의 소중함을 아이들 눈높이에 맞춰 유쾌하게 다루고 있어, 어린이 독자들이 큰 공감을 느끼며 읽을 수 있는 작품입니다.

추천 이유

- 애완동물(반려동물)을 키우고 싶어 하는 아이들의 마음을 잘 표현하고 있어 많은 아이들이 쉽게 공감하며 읽을 수 있습니다.

- 김리리 작가 특유의 깔끔하고 위트 넘치는 문장과 조승연 작가의 개성 있는 삽화 덕분에 책을 멀리하는 아이들도 쉽게 재미를 느끼며 끝까지 읽게 됩니다.

함께 이야기 나눌 거리

1 이 책에 등장하는 인물은 각각 어떤 동물을 키우나요?
   (소은이, 다솔이, 재강이, 마주왕, 고재미)

2 만약 동물을 갖게 된다면 어떤 동물을 키우고 싶나요? 그 동물을 키우고

책 읽어주는 교실

싶은 이유는 무엇인가요?

3 친구들은 소은이의 애완동물을 구경했는데도 집으로 돌아오면서 아쉬워 했습니다. 왜 아쉬워했을까요?

4 주인공 고재미가 동물을 갖고 싶다고 했을 때 부모님은 어떤 이유로 반 대했나요?

5 여러분도 부모님에게 동물을 키우게 해달라고 한 적이 있었나요? 그때 부모님의 반응은 어땠나요?

6 재강이의 애완동물은 어쩌다가 죽게 되었나요?

7 마주왕은 애완동물을 어쩌다가 잃어버렸나요?

8 재미가 애완동물을 사달라고 할 때는 반대하던 부모님이 왜 고양이를 허 락했을까요?

9 만약 작가가 이 이야기의 후속편을 쓴다면 어떤 이야기가 펼쳐질까요?

10 동물을 키우고 있는 사람 있나요? 어떤 동물을 키우고 있나요? 동물을 키우면서 좋은 점과 어려운 점은 무엇인가요?

11 많은 사람들이 동물을 키우다가 중간에 마음이 바뀌거나 사정이 생겨서 버리는 경우가 있다고 합니다. 여러분은 이에 대해 어떻게 생각하나요?

『만복이네 떡집』

자신의 문제를 스스로 극복하게 도와주는 수상한 떡 이야기

작　가: 김리리
그　림: 이승현
출판사: 비룡소
출　간: 2010년
쪽　수: 52쪽
대　상: 초등 1~4학년

　이 책은 욕쟁이, 심술쟁이였던 주인공 만복이가 신비한 떡집을 만나 특별한 떡을 먹으며 겪는 변화와 성장을 담고 있습니다. 우리나라의 전통 음식인 '떡'에 판타지 요소를 가미한 독특한 설정과, 전래 동화를 읽는 듯한 김리리 작가 특유의 맛깔나는 문체가 찰떡궁합을 이루며 아이들의 마음을 단번에 사로잡습니다.

　『만복이네 떡집』은 출간 이후 어린이 독자들의 뜨거운 사랑을 받으며, 『장군이네 떡집』, 『소원 떡집』 등 10권이 넘는 시리즈로 꾸준히 이어져 오고 있습니다. 읽는 내내 고소한 떡 냄새가 나는 듯한 상상력과, 아이들의 현실적인 고민을 따뜻하게 감싸안는 공감 능력이 돋보이는 작품입니다.

이 시리즈의 가장 큰 매력은 바로 '소원 떡'이라는 신비로운 장치입니다. 이야기의 무대가 되는 떡집은 돈 대신 '착한 일'이나 '아이들의 웃음'을 떡값으로 받는 기이한 곳입니다. 그리고 이 떡집의 주인인 '꼬랑쥐'는 매 권마다 주인공으로 등장하는 아이들의 결핍과 고민을 정확히 파악하고, 그 아이에게 꼭 맞는 특별한 떡을 만들어 줍니다.

시리즈의 첫 문을 연『만복이네 떡집』에서는 주인공 김만복의 이야기가 펼쳐집니다. 부잣집 외동아들인 만복이는 키도 크고 공부도 잘하는 아이지만, 마음과는 달리 늘 뾰족하고 못된 말만 툭툭 튀어나와 친구들에게 미움을 받으며 외로움을 느낍니다. 그러던 어느 날, 만복이는 우연히 자신의 이름과 똑같은 '만복이네 떡집'을 발견합니다. 이 떡집은 돈 대신 '착한 일'이나 '아이들의 웃음'을 떡값으로 받는데, 각각의 떡은 신기한 능력을 발휘합니다.

만복이는 처음으로 착한 일 한 개를 하고 그 떡값으로 백설기(눈송이처럼 마음이 하얘지는 떡)를 사 먹습니다. 백설기를 먹은 후 만복이의 마음은 눈송이처럼 하얗게 되지만, 여전히 나쁜 말은 튀어나와 친구들에게 상처를 줍니다.

나쁜 말을 참지 못하는 만복이는 착한 일 세 개를 하고 찹쌀떡(입에 척 들러붙어 말을 못 하게 되는 떡)을 사 먹습니다. 이 찹쌀떡은 만복이의 입을 척 들러붙게 만들어 만복이는 강제로 말을 할 수 없게 됩니다.

129

덕분에 만복이는 실수로라도 나쁜 말을 하지 않게 되고, 친구들은 만복이를 덜 피하게 됩니다.

자신의 진심을 제대로 표현하지 못했던 만복이는 꿀떡(달콤한 말이 술술 나오는 떡)을 사 먹고 싶어 합니다. 꿀떡은 아이들 웃음 스물다섯 개가 떡값이었고, 만복이는 친구들의 마음을 이해한 덕분에 착한 행동을 하여 웃음을 모읍니다. 꿀떡을 먹은 만복이는 달콤한 말이 술술 나오게 되어, 친구들에게 솔직하고 예쁜 말로 자신의 속마음을 전하며 진정한 관계를 맺기 시작합니다.

만복이는 여러 가지 떡을 통해 좋은 습관을 들이고 스스로 변화하는 법을 배웁니다. 이제 만복이는 떡의 도움 없이도 친구들에게 먼저 다가가고, 따뜻한 마음을 나누는 아이가 됩니다. 그리고 만복이네 떡집은 만복이의 눈앞에서 새로운 간판으로 바뀌면서 이야기는 마무리됩니다.

이 작품 이후 『장군이네 떡집』, 『소원 떡집』, 『양순이네 떡집』 등으로 이어지는 모든 이야기에는 만복이처럼 학교생활이나 가정에서 크고 작은 고민을 안고 있는 아이들이 등장합니다. 이들은 소원 떡을 통해 스스로의 힘으로 문제를 극복하고 한 뼘 더 성장하게 됩니다.

올바른 말과 마음의 힘, 그리고 친구들과의 관계 맺기에 대한 소중한 교훈을 전하는 '만복이네 떡집' 시리즈는 아이들에게 커다란 재미와 더불어 따뜻한 위로와 성장의 기쁨을 선물해 줄 것입니다.

추천 이유

- 겉으로 나쁜 말과 행동을 하지만, 사실은 친구와 친해지고 싶어 하는 만복이가 스스로의 노력으로 점차 말을 예쁘게 하고 진정한 속마음을 전하며 긍정적으로 변화하는 모습을 보며 독자들은 깊이 공감하고 스스로의 힘으로 성장할 수 있다는 메시지를 얻게 됩니다.

- 전래 동화를 읽는 듯한 정겨운 느낌과 함께 판타지 요소가 가미된 이야기는 독자들의 상상력을 자극하고, 책을 읽는 내내 다음 이야기에 대한 기대를 갖게 합니다.

- 이 동화는 김리리 작가의 유쾌한 상상력과 재치가 담긴 글과 개성 넘치는 그림이 잘 어우러져 독서의 즐거움을 제대로 맛볼 수 있습니다.

함께 이야기 나눌 거리

1 이 책을 읽으면 어떤 생각이나 느낌이 들었나요?

2 어떤 장면이나 대사가 가장 인상적이었나요?

3 만복이는 이야기 시작 부분에 친구들에게 어떤 아이로 알려져 있었나요? 만복이에게 붙었던 별명 3가지를 이야기해 볼까요?

4 만복이는 왜 자기 마음과 다르게 나쁜 말과 행동을 툭툭 내뱉었을까요? 만복이의 진짜 속마음은 무엇이었다고 생각하나요?

5 백설기의 떡값은 무엇이었나요? 만복이는 그 떡을 먹기 위해 일을 했나요?

6 찹쌀떡은 어떤 떡인가요? 만복이가 찹쌀떡을 먹었을 때 만복이에게 어떤 일이 일어났나요?

7 쑥떡은 어떤 능력을 갖게 하는 떡인가요? 만복이는 쑥떡을 통해 친구들에 대해 무엇을 깨닫게 되었나요?

8 꿀떡은 어떤 힘을 발휘하는 떡인가요? 만복이는 꿀떡을 먹은 후 어떻게 변화했나요?

9 이야기의 마지막에 '만복이네 떡집'의 간판은 '장군이네 떡집'으로 바뀝니다. 이는 무엇을 의미할까요?

10 이 책에 나오는 백설기, 찹쌀떡, 쑥떡, 꿀떡 중에 만복이를 가장 크게 변화시킨 것은 어떤 떡이라고 생각하나요? 그 이유는 무엇인가요?

11 만약 우리 동네에도 이런 떡집이 있다면 여러분은 어떤 떡을 먹고 싶나요? 나에게 가장 필요한 떡은 어떤 떡인가요? 그 떡을 선택한 이유는 무엇인가요?

『내 동생 아영이』

장애인 가족의 어려움과 가족 간의 사랑을 따뜻하게 그린 동화

작 가: 김중미
그 림: 권사우
출판사: 창작과비평사
출 간: 2002년
쪽 수: 148쪽
대 상: 초등 4학년 이상

우리 사회의 한쪽에서 어렵게 살아가는 사람들을 따뜻한 시선으로 바라보며 깊은 울림을 주는 작품을 꾸준히 발표하고 있는 김중미 작가의 책입니다. 『내 동생 아영이』는 다운 증후군을 가진 아영이와 오빠 영욱이, 그리고 가족의 사랑을 받지 못하는 희수를 중심으로 세 아이가 서로의 상처를 보듬고 성장하는 과정을 그린 작품입니다. 장애아를 둔 가정의 고민과 어려움, 그리고 그 어려움을 이겨나가려는 가족들의 노력과 사랑을 과하지 않으면서도 생생하게 그리고 있습니다.

평범한 아이 영욱이에게는 장애를 가진 동생 아영이가 있습니다. 아영이는 다운 증후군을 앓고 있어서 아홉 살이지만 아직 말을 제대로 못하고 다른 사람의 말도 잘 알아듣지 못합니다. 모든 것이 느리고 혼자 있으면 길을 잃거나 위험한 일을 할지도 모르기 때문에 항상 누군가가 돌봐주어야 합니다. 영욱이는 동생 아영이를 아끼지만 일터에 나가는 부모님 대신 아영이를 계속 돌보느라 친구들과 마음대로 놀 수가 없고 이런 동생이 있다는 사실이 친구들한테 부끄럽기도 합니다.

엄마는 아영이 때문에 힘든 것보다 기쁘고 뿌듯한 일이 더 많았다고 합니다. 아영이 수술비를 마련하느라 형편도 더 어려워지고 주변의 눈총도 따가웠지만, 아영이 덕분에 더 열심히 일하게 되었고 엄마 아빠 모두 작은 일에도 고마워하며 욕심부리지 않는 걸 배웠기 때문입니다.

요즘 들어 아영이가 자꾸 오빠를 따라 학교에 가려고 해서 영욱이를 난처하게 만듭니다. 엄마는 아영이처럼 장애가 있는 아이도 일반 학교의 통합 학급에 보낼 수 있다는 말을 듣고 아영이를 학교에 보내자는 이야기를 꺼내지만, 아빠는 영욱이 기만 죽인다며 반대를 합니다. 영욱이도 엄마의 말을 듣고 어떻게 결정해야 할지 고민에 빠집니다. 아영이와 비슷한 아이가 통합 학급에서 다른 아이들과 함께 학교에 다니는 걸 보며 엄마에게 곧 대답을 해주겠다고 하면서 이야기가 마무리됩니다.

이 작품은 아영이 때문에 고민하는 엄마와 아빠의 마음이나 영욱이의 갈등을 생생하게 그리고 있어 장애아를 둔 가정이 어떤 고민과 어려움을 겪고 있는지 들여다볼 수 있습니다. 동시에 그 어려움을 이겨나가는 가족의 노력과 사랑을 깊이 느낄 수 있는 좋은 작품입니다.

- 이 책은 다운 증후군이라는 장애를 가진 아영이, 장애가 있는 동생 때문에 혼란과 창피함을 느끼는 오빠 영욱이, 그리고 가족의 사랑을 받지 못하는 희수의 입장과 마음을 섬세하게 다룹니다. 독자는 이들의 내면의 갈등과 어려움을 깊이 공감하게 되고, 주변의 다양한 친구들을 이해하고 포용하는 마음을 갖는 데 도움을 줍니다.

- 이 작품은 단순히 장애아를 둔 가족의 이야기를 넘어, 가족 간에 서로가 힘이 되어주며 어려움을 이겨나가는 모습을 지켜보면서 진정한 가족의 의미를 진지하게 생각하게 합니다.

함께 이야기 나눌 거리

1   책을 읽으며 어떤 생각이나 느낌이 들었는지 자유롭게 이야기해 봅시다.

2   책에서 이해하기 어려웠던 부분이나 궁금했던 점이 있나요?

3   아영이는 어떤 아이인가요?

4   주변에 비슷한 상황에 있는 인물이 있나요? (방송이나 다른 책에서 비슷한 경우를 본 적이 있나요?)

5   영욱이는 동생 아영이를 어떻게 생각하나요? 어떤 장면을 통해 그렇게 생각하게 되었나요?

6   엄마와 아빠는 아영이를 키우면서 어떤 어려움을 겪었다고 했나요?

7 　엄마와 아빠는 아영이 덕분에 얻은 것은 무엇이라고 했나요?

8 　아빠는 왜 아영이를 영욱이와 같은 학교에 보내는 걸 반대했나요? 이런 아빠의 생각에 대해 여러분은 어떻게 생각하나요?

9 　아영이가 학교에 갔을 때 어떤 일이 있었나요? 그때 영욱이의 마음은 어땠을까요?

10 　만약 여러분이 영욱이와 같은 입장이라면 어떨 것 같나요?

11 　영욱이는 아영이를 같은 학교에 보내는 문제에 대해 어떤 대답을 할 것 같나요? 그렇게 생각하는 까닭은 무엇인가요?

12 　희수는 어떤 아이인가요?

13 　희수는 아영이를 좋아하는 까닭은 무엇인가요?

14 　영욱이는 아영이를 학교에 보내는 문제에 대해 왜 선뜻 대답하지 못했을까요?

15 　영욱이는 이 문제에 대해 어떤 대답을 할 것 같나요? 그렇게 생각하는 이유는 무엇인가요?

『밤티 마을 큰돌이네 집』

마음 둘 곳 없는 큰돌이 남매의 진짜 가족 이야기

작　가: 이금이

그　림: 양상용

출판사: 푸른책들

출　간: 1994년

쪽　수: 144쪽

대　상: 초등 3~6학년

『밤티 마을 큰돌이네 집』은 우리 주변의 이야기를 따듯하게 그려내는 이금이 작가의 대표작인 '밤티 마을 이야기' 연작 동화의 첫 권으로, 1994년 출간된 이후 30년 넘게 꾸준히 사랑받고 있는 스테디셀러입니다. 이 작품은 한국 사회의 가족 해체와 재구성이라는 현실적인 문제를 아동의 시선으로 깊이 있게 다루면서, 당시의 시대상과 아이들의 마음을 대변해 주는 대표적인 작품으로 평가받고 있습니다.

『밤티 마을 큰돌이네 집』은 해체된 가정에서 힘든 시간을 보내는 어린 소년 큰돌이와 그의 가족이 새로운 사랑과 연대를 통해 진정한 가족의 의미를 찾아가는 과정을 감동적으로 그리고 있습니다. 또한 '엄마-아빠–자녀'로 이루어진 '정상 가족'의 통념을 깨뜨리고 핏줄을 넘어선 사랑과 연대를 통해 진정한 가족이 어떻게 만들어지는지를 따뜻하게 보여 줍니다.

주인공 큰돌이는 동생 영미, 술주정이 심한 아빠, 그리고 말 못 하는 할아버지와 함께 외딴 밤티 마을에 살고 있습니다. 엄마는 2년 전 가난과 아빠의 술주정을 견디지 못하고 집을 떠났습니다. 엄마는 학교로 큰돌이를 몰래 찾아와 "열심히 돈 벌어서 꼭 데리러 오겠다."는 약속을 남겼기에 큰돌이는 그 약속을 굳게 믿으며 버티고 있습니다.

아빠는 목수 일을 하지만 엄마가 떠난 후로는 술에 의지해 사는 날이 많습니다. 술에 취하면 큰돌이에게 소리를 지르거나 함부로 대하기 일쑤였고, 큰돌이는 무서운 아빠를 피해 동생 영미를 데리고 이웃 쑥골 할머니 댁 외양간에서 잠을 자기도 합니다.

어느 날 이웃 쑥골 할머니를 통해 아이가 없는 교수님 댁에서 영미를 입양하겠다는 제안이 들어옵니다. 아빠는 영미를 보내는 것을 망설이지만 영미가 더 좋은 환경에서 자라길 바라는 마음과 어려운 집안 형편 때문에 결국 영미를 떠나보냅니다. 엄마의 얼굴을 모르는 영미는 친절한 새 양엄마를 보며 잠시나마 '진짜 엄마'라고 생각하기도 합니다. 하지만 큰돌이는 동생과의 이별에 깊은 상실감과 외로움을 느낍니다.

영미가 떠나고 큰돌이가 마음의 병을 앓을 무렵 큰돌이네 집에 새엄마가 들어옵니다. 큰돌이는 엄마가 자신을 데리러 올 거라는 믿음 때문에 새엄마를 받아들이지 못합니다. 그러나 새엄마 덕분에 집안은 놀라울 정도로 많은 변화가 생깁니다. 부지런하고 밝은 '팥쥐 엄마'는 허물어졌던 담장을 고치고, 방을 깨끗하게 치우고, 정성껏 밥을 차려주면서 요술 손처럼 큰돌이네 집을 활기차고 따뜻한 보금자리로 바꿔 나갑니다. 팥쥐 엄마의 노력 덕분에 아빠도 술을 끊고 웃음을 되찾으며 집안에 평화가 찾아옵니다. 큰돌이도 점차 팥쥐 엄마에게 정을 붙이고 마음을 열기 시작합니다.

집안은 평온해졌지만 큰돌이는 여전히 동생 영미를 그리워하며 시름시름 앓습니다. 입양 간 영미 역시 밤티 마을의 가족들을 잊지 못하고 밤티 마을로 무작정 돌아오려다 길을 잃고 파출소로 가게 됩니다. 영미와 큰돌에게는 오빠와 동생의 빈자리가 너무나 크고 서로에 대한 그리움이 병이 될 지경입니다. 특히 영미가 오빠를 만나면 주려고 좋은 것이 생길 때마다 하나씩 모으는 장면은 너무나 가슴이 아픕니다. 어른들은 이런 큰돌이와 영미를 보며 둘을 만나게 해주고, 영미의 양부모는 결국 그들의 행복을 위해 영미를 밤티 마을로 돌려보내기로 결정합니다.

이 이야기는 함께 사는 것의 소중함과 가족의 형태를 뛰어넘는 사랑의 힘에 대해 깊은 울림을 줍니다. 원래 단일 작품으로 출판되었으나 이 작품을 읽고 큰 감동을 받은 독자들의 지속적인 요청으로 후속작인 『밤티 마을 영미네 집』, 『밤티 마을 봄이네 집』이 출간되어 3부작 연작 동화가 되었습니다. 차례로 읽어보길 권합니다.

추천 이유

- 꼭 핏줄이 아니어도 사랑, 보살핌, 그리고 마음의 연대로 이루어진 관계야말로 진정한 가족임을 깨닫게 해주는 깊이 있는 메시지를 담고 있어 가족의 진정한 의미를 되새기게 합니다.

- 전래 동화 속 악한 계모의 이미지와는 완전히 다른 새엄마의 사랑과 노력으로 큰돌이네의 삶이 긍정적으로 변화되는 모습과, 동생 영미의 입양 과정과 양엄마와의 관계 등을 통해 다양한 형태의 가족을 따뜻하고 열린 마음으로 바라볼 수 있게 됩니다.

- 아이의 성장과 심리를 섬세하게 묘사하여 주인공의 감정 변화가 매우 현실적으로 다가와 강한 공감과 몰입을 유발합니다. 특히 아동 독자들에게는 큰돌이의 성장 과정이 자신과 주변을 이해하는 데 도움을 주며, 어른 독자들에게는 아이의 시각에서 상처와 회복의 과정을 돌아보게 하는 감동을 선사합니다.

함께 이야기 나눌 거리

1   이 이야기를 읽으면서 어떤 생각이나 느낌이 들었나요?

2   이 이야기에서 어떤 장면이나 대사가 특히 기억에 남나요?

3   이 이야기를 읽으면서 이해하기 어려운 부분이 있었나요?

4   큰돌이는 누구와 살고 있나요?

5   엄마는 큰돌이에게 어떤 약속을 했나요?

6   큰돌이는 왜 버스를 타지 않고 걸어서 집에 갔나요?

7　큰돌이 아버지는 어떤 사람인가요?

8　큰돌이는 왜 학교로 가지 않고 산으로 갔나요?

9　아버지는 왜 갑자기 영미에게 새 옷과 새 운동화를 사주었을까요?

10　영미가 아줌마를 따라간 집은 어떤 집이었나요?

11　큰돌이네 집에 새로 들어온 아줌마는 어떤 분이었나요?

12　영미는 유치원에서 '우리 가족'을 그릴 때 누구를 그렸나요? 왜 그렇게 그렸을까요?

13　영미의 보물 상자에는 무엇이 들었나요? 영미가 그것들을 모은 까닭은 무엇인가요?

14　큰돌이네 집에 새 아줌마가 들어오고 나서 어떤 변화가 있었나요?

15　새엄마가 큰돌이에게 영미를 다시 데려오겠다고 했을 때 새엄마의 얼굴에 있던 곰보 자국이 보이지 않았다고 했습니다. 왜 갑자기 곰보 자국이 보이지 않은 걸까요?

16　영미의 새엄마, 새아빠가 영미를 다시 밤티 마을로 돌려보내기로 한 것은 무엇 때문인가요?

17　작가는 이 작품을 통해 우리에게 어떤 메시지를 주려고 했을까요?

18　이 작품을 통해 우리가 생각해 볼 수 있는 '진정한 가족'의 의미는 무엇일까요?

19　이 책에서 더 궁금한 점이나 이야기하고 싶은 것이 있나요?

『그림 도둑 준모』

경쟁 사회에서 비교당하는 평범한 아이들에게 건네는 위로

작　가: 오승희
그　림: 최정인
출판사: 낮은산
출　간: 2003년
쪽　수: 101쪽
대　상: 초등 3~5학년

　오승희 작가의 동화『그림 도둑 준모』는 평범한 초등학교 3학년 소년 준모가 난생처음 받은 상을 둘러싸고 겪는 복잡한 심리적 갈등을 섬세하게 그린 작품입니다. 이 이야기는 특별한 것 없는 보통의 아이가 짊어져야 하는 어른들의 기대와 경쟁 사회의 그림자를 깊이 있게 다루고 있습니다. 상과 남의 기대에 얽매이지 않고, 자기 자신을 소중히 여기며 당당하게 살아가라는 따뜻한 메시지를 전하며, 평범하지만 착한 모든 아이들에게 따뜻한 위로와 응원을 보내는 성장 동화입니다.

　이야기의 주인공 준모는 특별히 잘하는 것도, 못 하는 것도 없는 지극히 보통의 아이입니다. 하지만 윗집 친구 예린이가 각종 상을 휩쓸어 올

때마다 엄마는 준모에게도 특별한 재능이 있기를 바라며 은근히 기대하고 다그칩니다. 어느 날 엄마는 준모가 만화를 그린 것을 보고 그림에 '소질'이 있다고 착각하며 미술 학원에 등록시킵니다. 엄마의 기대 속에 준모는 열심히 그림을 배우지만, 실력은 좀처럼 늘지 않습니다.

그러던 중, 교내 불조심 그림 그리기 대회가 열립니다. 준모는 최선을 다해 그림을 완성하지만, 예린이의 훌륭한 그림을 보고 자신의 그림에 크게 실망해 구겨버립니다. 그림을 정리하던 중, 준모는 이름이 적혀 있지 않은 예린이의 그림을 발견하고 잠시 그 그림을 부러워합니다. 바로 그때, 선생님이 그림을 보시고는 준모에게 누구 그림인지 묻지만, 준모의 대답을 끝까지 듣지 않고 예린이의 그림을 준모의 작품으로 오해하여 준모 이름으로 출품하게 됩니다.

며칠 후, 준모는 우수상을 받았다는 교내 방송을 듣게 됩니다. 난생처음 받아보는 상에 엄마는 너무나 기뻐하며 준모를 자랑스러워합니다. 그러나 준모의 마음은 죄책감으로 가득 찹니다. 자신이 거짓말을 한 것은 아니지만, '그림 도둑'이 되어버린 것 같아 불안하고 괴롭습니다. 기뻐하는 엄마의 모습을 보니 차마 사실을 털어놓을 용기가 나지 않았습니다.

결국 죄책감에 시달리던 준모는 상을 받은 그림이 복도에 걸리기 전에 없애버리기로 결심하고, 교실로 통하는 커다란 은행나무 꼭대기로 올라갑니다. 준모는 이 나무에서 떨어져 다쳐서 모든 것을 잊고 싶다고

4부 아이들에게 꼭 읽히고 싶은 책 1: 초등 2~4학년용

생각할 정도로 고통을 느낍니다. 다행히 준모는 친구 진구와 주위 사람들의 도움으로 무사히 구조됩니다.

나무에서 내려온 준모는 마침내 울음을 터뜨리며 엄마에게 상을 받은 그림이 자신의 것이 아님을 고백합니다. 이 사건을 통해 엄마는 상이라는 결과보다 아들의 마음과 진실함이 훨씬 소중함을 깨닫고, 아들에 대한 태도를 돌아봅니다. 준모 역시 힘든 과정을 겪으며 자신의 실수를 인정하고 용기를 내어 진실을 밝히는 과정을 통해, 스스로의 마음을 다잡고 한층 성장하게 됩니다.

이 동화는 '상'이라는 결과물이 가져온 딜레마 속에서 고통받는 준모의 심리를 생생하게 그리면서, 아이의 목소리를 끝까지 들어주지 않는 어른들의 모습을 돌아보게 합니다. 동시에, 준모가 용기를 내어 진실을 마주하고 갈등을 이겨내는 과정을 통해 아이가 한 단계 성장하고 엄마 역시 아이의 '특별함'보다 '존재 자체의 소중함'을 깨닫게 합니다.

추천 이유

- 평범한 아이가 겪을 수 있는 열등감, 인정받고 싶은 욕구, 실수에 대한 두려움 등 복잡한 감정을 섬세하게 다루어 독자들이 주인공 준모의 상황과 내면에 깊이 공감하고 이입하게 합니다.

- 아이들을 무한 경쟁으로 내모는 어른들의 조급함과 욕심이 간접적으로 그리며, 독자(특히 부모)에게 '있는 그대로의 아이의 특별함'을 깨닫게 하고, 경쟁 사회 속 어른들의 욕심과 아이들의 상처를 되돌아보게 합니다.

- 상을 받지 못해도, 특별하지 않아도, 스스로를 못난 아이라고 생각하지 말 것"이라는 메시지를 전달하며, 아이들에게 자신을 있는 그대로 긍정하며 건강하게 성장할 수 있도록 용기를 줍니다.

함께 이야기 나눌 거리

1   준모가 평소 좋아했던 것은 무엇이며, 준모에게 가장 간절한 소원(목표)은 무엇이었나요?

2   준모의 엄마가 준모를 미술 학원에 등록시킨 직접적인 계기는 무엇이었나요?

3   준모의 엄마는 준모의 '재능'을 찾고 상을 받게 하려는 데 관심이 많았습니다. 상을 중요하게 여기는 준모 엄마에 대해 어떻게 생각하나요?

4   준모가 상을 타기를 바라는 엄마의 기대는 준모에게 어떤 영향을 미쳤나요?

5 불조심 그리기 대회 후, 준모가 빈 교실에 다시 찾아가서 본인의 그림을 보며 어떤 행동을 했고, 왜 그런 행동을 했는지 설명해 봅시다.

6 준모는 예린이의 그림을 보고 이름을 써주어야 할지 말아야 할지 망설였습니다. 이때 준모의 마음속에는 어떤 상반된 생각이 동시에 존재했을까요?

7 준모가 예린이의 그림을 가지고 있다가 선생님에게 오해를 받는 장면을 다시 떠올려 봅시다. 그때 준모는 왜 솔직하게 말하지 못하고 당황하며 입을 다물었을까요? 그리고 준모가 말을 잃은 그 순간, 상황은 어떻게 오해되었나요?

8 준모는 그토록 바라던 상을 받았지만, 기쁨 대신 괴로움을 느낀 이유는 무엇일까요?

9 준모가 상을 받은 후에도 엄마에게 사실을 고백하지 못한 이유는 무엇이라고 생각하나요?

10 만약 여러분이 준모와 같은 상황에 놓였다면, 상을 받은 직후에 그 사실을 바로 고백했을까요, 아니면 준모처럼 비밀을 숨긴 채 괴로워했을까요? 그 이유를 설명해 봅시다.

11 준모가 학교 운동장의 커다란 '하늘나무' 꼭대기로 올라간 이유는 무엇이었나요?

12 준모가 '그림 도둑'이 된 상황에 대해, 준모에게만 잘못이 있다고 생각하나요? 아니면 선생님이나 엄마, 혹은 다른 친구들에게도 책임이 있다고 생각하나요? 각자의 생각을 이야기해 봅시다.

13 이 사건 이후에 준모와 엄마는 어떻게 달라졌을까요?

책 읽어주는 교실

14 '상'은 장점도 있지만 부작용도 있을 수 있습니다. 상의 장점과 단점은 무엇이라고 생각하나요?

15 준모는 스스로를 특별히 잘하는 것 없는 '평범한 아이'라고 생각하며 괴로워했습니다. 여러분은 '평범함'에 대해 어떻게 생각하나요?

『진짜 도둑』

억울한 누명을 통해 신뢰와 용서에 대해 생각해 보게 하는 동화

작　가: 윌리엄 스타이그
그　림: 윌리엄 스타이그
번　역: 김영진
출판사: 베틀북
쪽　수: 88쪽
출　간: 2002년 (미국 1973년)
대　상: 초등 3~6학년

　왕의 신뢰를 받고 있던 수문장 가윈이 왕의 보물을 훔친 도둑으로 몰리면서 벌어지는 일을 흥미진진하게 묘사하고 있는 책입니다. 짧은 분량이지만 인간관계에서의 갈등과 화해를 진지하게 그려내고 있어 신뢰와 우정, 배신, 그리고 용서에 대해 생각해 보게 합니다.

　이 책을 쓴 윌리엄 스타이그는 미국의 대표적인 어린이책 작가로 칼데콧 상, 뉴베리 상, 그리고 어린이책의 노벨상이라고 할 만한 안데르센 상을 연이어 받을 만큼 작품성을 인정받고 있습니다. 또한 전 세계적으로 크게 인기를 끈 애니메이션 〈슈렉(2001)〉의 원작자이기도 합니다.

　가윈은 왕실의 보물창고를 지키는 수문장입니다. 강직하고 신뢰할 수

책 읽어주는 교실

있는 가원의 성품을 믿고 왕이 친히 수문장으로 임명한 것입니다. 가원도 아버지 같은 왕을 마음 깊이 사랑하기 때문에 왕의 은혜에 보답하고자 수문장으로서 자신의 일에 최선을 다하며, 자신의 일에 큰 자부심을 느끼고 있습니다.

그러던 어느 날 보물창고에서 루비가 사라지는 사고가 발생합니다. 가원은 왕에게 그 사실을 알리고 경계를 더욱 철저히 서지만 며칠 뒤에 많은 양의 금이 사라지고, 또 얼마 뒤에는 은장식들이, 그리고 보물 가운데 으뜸이라 할 수 있는 다이아몬드가 자취를 감춥니다.

신하들은 보물창고의 열쇠를 가진 사람은 왕과 가원 둘뿐이고 보물창고는 벽과 바닥이 두꺼운 돌로 완벽하게 지어졌기 때문에 열쇠로 문을 열지 않는 이상 누구도 들어갈 수 없기에 가원이 범인이라고 주장합니다. 왕은 가원의 성품을 알기에 그를 의심하고 싶지 않지만 신하들의 흠 잡을 데 없는 추론에 가원을 범인으로 지목하고 감옥에 가둡니다.

재판이 열리는 날 가원은 자신이 죄가 없기에 변호사의 변론도 거절하고 당당하게 재판에 임합니다. 재판을 보러온 가원의 친구들도 가원을 평생 알고 지내면서 가원의 성품을 너무도 잘 알기 때문에 가원이 억울한 누명을 썼을 것이라고 믿습니다. 그러나 재판이 시작되고 가원이 범인일 수밖에 없는 정황과 이유를 들은 친구들과 동료들도 가원을 의심하기 시작합니다. 자신을 끝까지 믿어줄 것이라 생각했던 친구들마저 의심하자, 가원은 친구들에게 실망하고 큰 상처를 받습니다. 그리고 훔친 보물이 있는 곳을 자백할 때까지 지하 감옥에 가둔다는 판결을 받습니다. 이러한 상황을 도저히 받아들일 수 없었던 가원은 외딴 숲으로 달아나 세상과 인연을 끊고 깊은 외로움 속에서 홀로 살아갑니다.

그러던 중 진짜 도둑이 드러납니다. 놀랍게도 그 도둑은 가원의 친구 데릭입니다. 데릭은 두더지가 파놓은 땅굴에 우연히 들어갔다가 그 굴이 보물창고 바닥으로 연결되어 있는 것을 보고 보물창고로 들어가 보물을 훔쳤던 것입니다. 자기 때문에 가원이 억울한 일을 당하고 있다는 것을 알고 사실을 털어놓으려 했지만, 자신이 처벌받는 것이 두려워 감히 말하지 못했던 것입니다. 대신 가원의 결백을 증명하기 위해 가원이 떠난 이후에도 계속해서 보물을 훔칩니다. 결국 왕과 친구들이 가원의 결백을 믿게 되자 보물을 다시 제자리에 돌려놓습니다. 그리고 가원을 찾아가 모든 사실을 털어놓습니다.

가원은 데릭의 이야기를 듣고 데릭이 자신의 결백을 위해 애쓴 일과 데릭 역시 누구보다 괴로워했다는 것을 알고 데릭을 용서해 줍니다. 그리고 왕과 친구들이 있는 왕실로 돌아가는 것으로 이야기가 마무리됩니다.

- 주인공 가원이 누명을 쓰고 겪는 억울함과 외로움, 그리고 친구를 용서하는 과정이 실감 나게 표현되어 주인공의 감정을 이해하며 공감 능력을 키울 수 있습니다.

- 주인공이 점점 위기에 몰리는 이야기 전개는 독자에게 긴장감을 주고, 도둑의 정체가 드러나는 순간의 반전은 독자에게 놀라움과 흥미를 주어 이야기를 끝까지 몰입해 읽게 됩니다.

- 잘못을 인정하고 다시 관계를 회복하는 과정을 통해 진정한 우정의 의미와 용서의 힘을 자연스럽게 배우게 됩니다.

함께 이야기 나눌 거리

1   가원의 친구들은 가원에 대해 평소에 어떻게 생각하고 있었나요?

2   왕이 가원을 왕실 보물창고의 수문장으로 임명한 까닭은 무엇인가요?

3   사람들이 가원을 범인으로 지목한 이유는 무엇인가요? 왕은 왜 가원을 범인이라고 생각했나요?

4   가원이 친구들에게 배신감을 느낀 것은 무엇 때문인가요?

5   진짜 도둑은 누구였나요? 그리고 그는 어떻게 보물창고에 들어갈 수 있었나요?

6   데릭은 가원이 범인이 아니라는 사실을 알면서도 왜 진실을 말하지 못했

나요?

7 데릭은 가윈의 누명을 벗겨주기 위해 어떻게 했나요?

8 가윈은 데릭 때문에 억울한 누명을 써서 죄인으로 몰리고, 많은 고생을 하다가 도망자 신세까지 되었습니다. 그런데도 데릭을 용서해 준 까닭은 무엇일까요?

9 만약 가윈이 데릭을 용서하지 않았다면 그 뒤로 어떻게 되었을까요?

10 이 이야기에서 특히 인상에 남는 장면은 어디인가요? 왜 그 장면이 인상 적이었나요?

11 이 이야기에서 이해하기 어려웠던 부분이 있었나요?

12 이야기를 읽으며 생각하거나 느낀 점이 있으면 더 이야기해 봅시다.

『조금만, 조금만 더』

가족을 지키기 위한 작은 영웅의 감동 레이스

원　제: Stone Fox
작　가: 존 레이놀즈 가디너
그　림: 마샤 슈얼
번　역: 김경연
출판사: 시공주니어
쪽　수: 100쪽
출　간: 2001년 (미국 1980년)
대　상: 초등 4학년 이상

존 레이놀즈 가디너의 『조금만, 조금만 더(Stone Fox)』는 짧은 분량 속에 깊은 감동을 담아낸 어린이 소설로, 전 세계 10여 개국에서 출간되었으며 미국에서만 누적 판매량 500만 부를 기록한 세계적인 베스트셀러입니다. 이 책은 어린 소년 윌리가 병든 할아버지를 위해 커다란 결심을 하고 개 썰매 경주에 도전하는 이야기를 중심으로 펼쳐집니다. 단순한 줄거리 안에 가족을 향한 사랑과 끝까지 포기하지 않는 용기, 그리고 예상치 못한 따뜻한 연대의 마음이 아름답게 어우러져 있어 오랫동안 기억되는 작품입니다.

이야기의 주인공은 열 살 소년 '윌리'입니다. 윌리는 할아버지와 함께 미국 와이오밍주의 한적한 농장에서 평화롭게 살고 있습니다. 그런데 어느 날 갑자기 할아버지가 아무 말도 하지 못하고 병상에 눕게 됩니다. 의사도 병의 원인을 명확히 설명하지 못하고, 윌리는 혼자서 농장을 지키고 할아버지를 돌봐야 하는 막막한 상황에 놓입니다.

설상가상으로 세금까지 밀려 농장을 잃게 될 위기에 처한 윌리는 마을에서 열리는 개 썰매 경주에 참가하기로 결심합니다. 이 경주에는 거액의 상금이 걸려 있어 대회에서 우승하는 것만이 할아버지와 농장을 지키는 유일한 희망이라고 생각했기 때문입니다. 윌리는 자신이 키우는 충직한 개 '서치라이트'와 함께 연습을 시작하고, 온 마음을 다해 경주에 대비합니다.

하지만 그 경주에는 지금까지 한 번도 진 적이 없는 전설적인 우승자 '스톤 폭스'가 출전합니다. 그는 사람들에게 말을 거의 하지 않고 감정을 드러내지 않으며, 백인 사회에 대한 분노와 상처를 안고 살아가는 원주민입니다. 사람들과 어울리지 않으며 오직 상금으로 자신의 부족의 땅을 되찾으려는 꿈을 품고 있습니다.

드디어 경주 날, 윌리와 서치라이트는 모든 것을 걸고 달리기 시작합니다. 많은 사람들이 어린 소년이 이길 수 없을 것이라 말하지만 윌리는 결코 포기하지 않습니다. 그리고 결승선을 눈앞에 둔 마지막 순간, 누구도 예상하지 못했던 사건이 일어나며 이야기는 깊은 감동의 절정으로 치닫습니다. 스톤 폭스의 침묵 뒤에 숨겨져 있던 진심과 그가 보여준 놀라운 행동은 이 책이 단순한 경쟁이나 승부 이야기가 아니라는 것을 보여줍니다.

이야기의 중반까지는 전개가 다소 느리지만, 주인공 윌리가 개 썰매 경주에 참가하면서 이야기는 빠르고 긴장감 있게 전개됩니다. 특히 마지막 경주 장면은 아슬아슬하게 승부를 다투는 스포츠 영화를 보듯이 손에 땀을 쥐게 하며, 극적인 결말은 독자의 마음에 깊은 울림을 남깁니다.

이 작품은 아이들이 읽기에도 부담 없는 길이지만, 그 안에 담긴 메시지와 감정은 결코 가볍지 않습니다. 이 작품은 어떤 진심과 행동이 사람의 마음을 움직일 수 있는지를 보여주는 감동적인 이야기입니다. 가족을 지키기 위해 온 힘을 다하는 어린 소년의 모습은 독자들에게 순수한 사랑과 진정한 용기의 의미를 되새기게 합니다. 또한 진심으로 마음을 다해 누군가에게 다가갈 때 어떤 기적이 일어날 수 있는지를 보여줍니다. 이 책이 단지 어린이 소설에 머무르지 않고, 어른에게도 깊은 울림을 주는 작품으로 오랫동안 사랑받고 있는 이유입니다.

추천 이유

- 주인공 윌리의 용기와 도전, 개 썰매 대회의 생생한 묘사와 반전이 커다란 재미와 감동을 선사합니다.

- 1900년대 초반, 미국 서부 산간 농촌 지역의 삶과 고난, 그리고 순수한 인간애를 잘 보여주어 다른 시대와 사회를 이해하는 데 도움을 줍니다.

함께 이야기 나눌 거리

1 이 책을 읽고 어떤 생각이나 느낌이 들었나요?

2 특히 기억에 남거나 인상 깊었던 장면이 있었나요?

3 책을 읽으며 이해하기 어려운 부분이 있었나요?

4 이 이야기의 배경 장소는 어디인가요? 그리고 시대 배경은 무엇을 통해 짐작할 수 있나요?

5 주인공 윌리는 누구와 어떤 일을 하면서 살아가나요?

6 평화롭게 살아가던 윌리에게 어떤 어려움이 닥치나요?

7 윌리가 개 썰매 경주에 나가기로 결심한 까닭은 무엇인가요?

8 윌리가 개 썰매 경주에 나간다고 했을 때 사람들의 반응은 어땠나요?

9 스톤 폭스는 어떤 사람으로 묘사되었나요? 그는 왜 백인들과 말을 섞지 않나요?

10 스톤 폭스가 매년 개 썰매 경주에 출전하는 까닭은 무엇인가요? 단순히 상금이 목적인가요?

11 경주 중에 서치라이트에게 어떤 일이 생기나요? 이때 여러분은 어떤 생각을 했나요?

12 스톤 폭스는 마지막 장면에서 어떤 행동을 하나요?

13 스톤 폭스의 마음을 움직인 것은 무엇이라고 생각하나요?

14 제목 '조금만, 조금만 더'는 어떤 의미일까요? 잘 어울리는 제목이라고 생각하나요?

15 작가가 이 이야기를 통해 우리에게 전하려고 한 메시지는 무엇일까요?

16 만약 갑작스러운 사고나 병으로 인해 우리 가족에게 윌리와 같은 위기가 온다면 내가 할 수 있는 일은 무엇일까요?

『로테와 루이제』

헤어져 살던 쌍둥이 자매의 엉뚱 감동 가족 되찾기 작전

작　가: 에리히 캐스트너
그　림: 발터 트리어
번　역: 김서정
출판사: 시공주니어
출　간: 2018년 (독일 1949년)
쪽　수: 232쪽
대　상: 초등 4~6학년

　『로테와 루이제』는 1949년 세상에 처음 발표되어 독일 아동문학의 고전으로 인정받는 작품으로, 어린 시절 부모의 이혼으로 헤어져 서로가 쌍둥이인 줄 모르고 자라났던 자매가 우연히 여름 캠프에서 만난 뒤 부모의 재결합을 위해 지혜를 발휘하고 노력하는 과정을 흥미롭고도 따뜻하게 담은 작품입니다.

　'부모의 이혼'이라는 다소 무거운 소재를 다루지만 작가 특유의 재치 있는 문체와 유머 덕분에 가벼운 마음으로 즐겁게 읽을 수 있습니다. 그리고 두 자매가 몰래 신분을 바꾸어 서로 다른 부모 곁으로 잠입하는 모험은 긴장감을 자아내고 결말을 기다리며 몰입하여 읽게 합니다.

『로테와 루이제』는 출간 이후 수많은 언어로 번역되었고, 디즈니 영화 〈The Parent Trap(페어런트 트랩)〉을 비롯하여 여러 차례 영화로도 제작될 만큼 시대와 나라를 넘어 꾸준히 사랑받고 있는 작품입니다.

이야기는 여름방학 동안 호숫가 캠프에 참가한 두 소녀의 만남에서 시작됩니다. 외모가 꼭 닮은 로테와 루이제는 처음엔 서로에게 반감을 느끼지만, 곧 자신들이 일란성 쌍둥이 자매라는 놀라운 사실을 알게 됩니다. 두 사람은 부모님의 이혼으로 헤어져 살았고, 각자 어머니와 아버지 밑에서 상대방의 존재를 모른 채 자라온 것이었습니다.

자매는 방학이 끝날 무렵, 서로의 집으로 가서 상대방의 역할을 대신해 살아보기로 결정합니다. 로테는 루이제로 변장해 빈으로 가 아버지와 함께 살고, 루이제는 로테가 되어 뮌헨에 가 어머니와 생활합니다. 이 과정에서 두 아이는 어른들이 몰랐던 가족의 상처와 외로움을 직접 느끼며 자신들이 진정으로 원하는 것이 무엇인지 깨닫게 됩니다.

결국, 자매의 비밀은 드러나게 되고, 부모는 아이들의 간절한 마음과 용기 있는 행동에 감동을 받고 다시 마음을 열게 됩니다.

이 작품은 쌍둥이 자매의 유쾌한 모험을 통해 가족의 의미, 서로를 이해하는 마음, 아이들의 순수한 용기를 감동적으로 그려냅니다. 에리히 캐스트너는 아이들을 존중하는 시선으로 이 이야기를 풀어내며, 특유의 재치 있고 따뜻한 문체는 어린이 독자뿐 아니라 어른 독자에게도 깊은 여운을 남깁니다.

추천 이유

- 부모의 이혼과 재결합 과정을 통해 가족의 의미와 서로에 대한 이해가 얼마나 중요한지를 느낄 수 있습니다.

- 쌍둥이 자매가 스스로 문제를 해결하고 가족을 다시 하나로 만들려는 과정에서 어린이의 순수함과 주체적인 힘을 배울 수 있습니다.

- '역할 바꾸기'라는 독특한 소재가 긴장감과 재미를 주고, 결국 가족이 화해하는 따뜻한 결말이 감동을 남깁니다.

함께 이야기 나눌 거리

1   이 책에서 가장 인상 깊었던 장면은 어디인가요? 왜 그 장면이 기억에 남았나요?

2   로테와 루이제는 어떻게 만나게 되었나요?

3   두 사람은 왜 서로를 보고 놀랐나요?

4   로테와 루이제가 처음 서로를 만났을 때 싸운 이유는 무엇일까요? 그 감정은 이해가 되나요?

5   어떻게 해서 두 사람이 쌍둥이 자매라는 것을 알게 되었나요?

6   만약 나에게도 내가 모르는 쌍둥이가 있다면 기분이 어떨까요?

7   자매가 서로 역할을 바꿔서 살아보겠다고 결정한 이유는 무엇이었을까요?

책 읽어주는 교실

8 로테와 루이제가 용기를 내어 서로의 삶을 바꿔 살아보기로 한 결정을 어떻게 생각하나요?

9 로테는 루이제로서, 루이제는 로테로서 생활하면서 어떤 어려움을 겪었나요?

10 부모님은 자매의 정체를 어떻게 알게 되었나요?

11 두 사람이 부모에게 진심을 전달하기 위해 어떤 노력을 했나요?

12 여러분도 부모님의 마음을 바꾸기 위해 노력해 본 경험이 있나요?

13 이 책의 결말은 어떻게 되나요? 가족은 어떻게 되었나요?

14 가족이 꼭 함께 살아야 가족일까요? 여러분은 어떻게 생각하나요?

15 만약 로테와 루이제가 여름 캠프에서 만나지 않았다면, 이야기는 어떻게 되었을까요?

16 만약 나에게도 숨겨진 쌍둥이가 있었다면 어떤 일이 벌어질 거 같나요?

『여우 씨 이야기』

꾀 많은 여우가 사람 말을 배웠을 때 일어날 수 있는 일들

작　가: 요제프 라다

그　림: 요제프 라다

번　역: 햇살과나무꾼

출판사: 비룡소

출　간: 1999년 (체코 1937년)

쪽　수: 120쪽

대　상: 초등 2~5학년

　　『여우 씨 이야기』는 꾀 많고 대담한 여우 씨가 사람들 속으로 들어와 살아가며 벌어지는 일을 유쾌하게 그린 동화입니다. 이 책의 가장 큰 특징은 동물 의인화를 통해 인간 사회를 자연스럽게 비추는 데 있습니다. 여우 씨는 전화기를 사용해 정육점에 햄을 주문하고, 마치 사람인 듯 당당하게 가게를 찾아가는 등 엉뚱하면서도 재치 있는 행동으로 웃음을 자아냅니다. 짧은 에피소드들이 이어지는 구성 덕분에 하나씩 읽어주기도 좋고, 저학년이나 중학년이 가볍게 읽으며 부담 없이 책에 빠져들 수 있습니다.

　　이 이야기는 산지기 보비누시카 씨가 숲에서 어린 새끼 여우 한 마리

책 읽어주는 교실

를 잡아와 집으로 데려오는 것으로 시작됩니다. 산지기는 이 여우를 아들 예니쿠와 딸 루젠카에게 선물하고, 여우는 아이들과 함께 지내게 됩니다. 특히 루젠카가 동화책을 읽어주는 것을 귀담아들은 덕분에, 이 영리한 여우는 글을 읽고 쓸 줄 알게 되며 사람의 말까지 이해하는 놀라운 능력을 갖추게 됩니다.

하지만 집에 있던 개들인 헥토르와 술탄이 여우를 심하게 질투하고 괴롭히자, 여우는 결국 답답한 인간의 집을 벗어나 자신이 속해야 할 자유로운 숲으로 도망칩니다. 이제 '여우 씨'가 된 이 동물은 옛이야기에 나오는 꾀 많은 여우들처럼 살아가겠다고 결심합니다.

여우 씨는 동화책에서 배운 꾀와 자신의 재능을 활용하여 손쉽게 먹이를 구하려고 여러 가지 시도를 하지만 번번이 실패하고 맙니다. 한번은 산지기 아저씨가 아이들에게 들려주는 마법 탁자 이야기를 그대로 믿고 다른 여우들을 불러 모아 마법 탁자를 보여주려다가 큰 망신을 당하기도 합니다. 또 한번은 우연히 축음기에 대해 알게 되어 그 축음기로 새끼 양을 놀래주려다가 갑자기 축음기에서 나오는 총소리에 자신이 놀라 도망치기도 합니다.

여우 씨는 계속되는 실패에도 불구하고 사람처럼 살고 싶다는 호기심과 대담함으로 인간의 행동과 도구 사용을 흉내 냅니다. 어느 날 여우 씨는 산지기 아저씨가 정육점에 전화하여 주문하는 것을 듣고 전화기 사용법을 익힙니다. 그리고 직접 정육점에 전화를 걸어 햄을 배달시키는 데 성공하고 크게 기뻐합니다. 나중에 이를 눈치챈 정육점 주인이 더 이상 햄을 배달해 주지 않자 여우 씨는 사람 변장을 하고 직접 정육점을 찾아가는 대담함을 보이기도 합니다.

여우 씨는 사람을 속이고 골탕 먹이는 행동만 하는 것은 아닙니다. 정육점 주인이 은행에 맡기려고 가져가다 잃어버린 거액의 돈가방을 발견하고 이를 정직하게 주인에게 돌려줍니다. 이 행동 덕분에 여우 씨는 일약 마을의 유명 인사로 떠오르며, 그의 이야기는 라디오에까지 소개될 정도로 화제가 됩니다. 그리고 마침내 여우 씨는 자신의 영리함과 더불어 정직함을 인정받아 산딸기 언덕의 산지기로 임명되어 사람들과 동물들이 조화롭게 어울려 사는 새로운 삶을 시작하게 됩니다.

전통적인 이야기 속 여우는 교활하고 영리한 동물로 그려지지만, 이 책의 '여우 씨'는 사람의 글을 배우고 말을 이해할 만큼 똑똑하면서도, 성격은 매우 순진하고 정직합니다. 그리고 여우 씨가 동화책에서 배운 꾀를 써서 뭔가를 시도할 때마다 번번이 실패하는 과정이 유머러스하게 그려져 독자에게 웃음을 선사합니다. 이처럼 꾀 대신 순진함이 강조되는 것이 큰 특징입니다.

이 이야기는 여우 씨가 인간 마을에서 살다가 숲으로 돌아가고, 결국은 다시 인간 사회로 돌아와 산지기가 되는 과정을 통해 인간과 동물이 단순히 대립하거나 이용하는 관계가 아니라, 함께 더불어 살 수 있다는 공존의 메시지를 전달합니다.

여우 씨는 꾀를 부리는 것보다 정직함이 더 가치 있다는 것을 깨닫고, 인간 사회에 완전히 동화되어 자신의 역할(산지기)을 찾아갑니다. 그리고 산지기가 되어서 어린이와 노인을 배려하며 모두가 함께 더불어 살 수 있음을 유쾌하게 보여줍니다.

이 책의 시대적 배경은 근대 초입의 체코 농촌 사회입니다. 요즘 아이들이 전통과 근대가 섞인 옛 유럽 마을의 정서를 느끼며 이야기를 충분히 이해하려면 이러한 시대적 배경과 당시의 문물에 대한 설명을 곁들이는 것이 좋습니다.

추천 이유

- 호기심과 용기를 키워줍니다. 여우 씨가 전화기를 쓰고 사람들 속으로 들어가는 모습은 새로운 것에 도전하는 용기와 세상을 탐색하는 태도의 중요성을 자연스럽게 보여줍니다.

- 웃음 속에서 생각할 거리를 줍니다. 익살스러운 사건과 유머 덕분에 아이들이 즐겁게 읽으면서도, 사람과 동물, 규칙과 자유에 대해 스스로 생각해 보게 합니다.

- 사람과 자연의 관계를 따뜻하게 그려냅니다. 여우 씨와 인간들이 함께 등장하는 이야기를 통해 사람과 동물, 사람과 사람이 더불어 살아갈 수 있다는 공존의 메시지를 전합니다.

1   이 책을 읽고 어떤 생각이나 느낌이 들었나요?

2   이 책에서 가장 재미있거나 감동적이었던 장면은 어떤 장면인가요? 그 장면을 꼽은 이유는 무엇인가요?

3   여우 씨는 산지기 집에서 다른 동물은 가질 수 없는 특별한 능력을 배웁니다. 그 능력은 무엇이고, 어떻게 배울 수 있었나요?

4   여우 씨를 질투하고 괴롭힌 동물은 누구인가요? 그들은 왜 여우 씨를 질투했나요?

5   여루 씨는 헥토르와 술탄을 어떻게 골탕 먹이나요?

6   여우 씨가 산지기의 집을 떠나 숲으로 돌아가겠다고 결심한 이유는 무엇인가요?

7   만약 여우 씨가 계속 산지기 집에 머물렀다면 그의 삶은 어떻게 달라졌을까요?

8   산지기 집과 숲은 여우 씨에게 각각 어떤 의미의 공간일까요? 여우 씨가 숲에서 살기로 결정했다는 것은 그에게 어떤 의미일까요? (그가 어떤 삶을 살기로 결심했다는 의미일까요?)

9   여우 씨가 물고기를 실은 짐마차에 타는 데 성공하지만 물고기를 얻는 데는 실패합니다. 그 이유는 무엇인가요?

10   여우 씨가 마법 탁자를 다른 여우들에게 자랑하려다가 망신을 당합니다. 그 이유는 무엇인가요?

11 여우 씨가 꾀를 부리다가 번번이 실패하는 것은 여우 씨의 어떤 성격 때문인가요?

12 여우 씨는 전화기를 이용하여 어떤 일을 벌이나요?

13 여우 씨는 어떻게 정육점을 고기를 무사히 들고나올 수 있었나요?

14 여우 씨는 정육점 주인이 잃어버린 돈가방을 돌려준 사건 이후 마을 사람들에게 영웅으로 인정받습니다. 여우 씨가 자신의 이익을 위해 꾀를 부리는 삶이 아닌 정직한 삶을 통해 무엇을 얻었다고 생각하나요?

15 만약 여우 씨가 돈가방을 발견했을 때 정직하게 돌려주지 않았다면 이 이야기의 결말은 어떻게 바뀌었을까요?

16 여우 씨가 산지기가 될 수 있었던 결정적인 이유는 무엇이라고 생각하나요?

17 여우 씨는 산지기가 되기로 하면서 산 주인에게 어떤 부탁을 했나요? 그러한 부탁을 통해 여우 씨의 어떤 마음을 알 수 있나요?

18 여우 씨는 산지기가 되어 누구와 어떤 삶을 살게 되나요?

19 여우 씨를 인터뷰할 기회가 생긴다면 여우 씨에게 어떤 질문을 하고 싶나요?

20 작가는 여우 씨 이야기를 통해 우리에게 전달하려고 한 메시지는 무엇이라고 생각하나요? 그러한 메시지에 대해 어떻게 생각하나요?

21 만약 이 책의 뒷이야기가 후속편으로 나온다면 어떤 이야기가 펼쳐질까요?

5부

아이들에게 꼭
읽히고 싶은 책 2:
초등 5·6학년~중학생용

『프린들 주세요』

기발한 아이디어를 가진 소년과 엄격한 선생님의 '언어 전쟁'

원　제: Frindle

작　가: 앤드루 클레먼츠(Andrew Clements)

그　림: 양혜원

번　역: 햇살과나무꾼

출판사: 사계절

쪽　수: 154쪽

출　간: 2001년 (미국 1996년)

대　상: 초등 5학년~중학생

　『프린들 주세요』는 단어 하나에서 시작된 아이디어가 어떻게 세상을 바꾸고, 어른과 아이가 어떻게 서로를 성장시키는지를 보여주는 감동적인 이야기입니다. 주인공 닉의 창의적이고 도전적인 발상과 행동, 자기 생각이 분명한 닉과 규칙을 중요시하는 선생님의 대립, 빠른 이야기 전개, 예기치 못한 반전과 따뜻한 결말이 어우러져 이야기책이 주는 재미를 충분히 느낄 수 있는 작품입니다.

　그리고 단순한 재미에 그치지 않고 언어의 특성과 창의력의 힘을 보여주며, 닉과 국어 선생님인 그레인저 선생님의 대립과 존중 속에서 학생과 선생님의 관계와 진정한 교육의 의미에 대해 생각하게 합니다. 어른과 아이 모두에게 깊은 감동과 많은 생각거리를 안겨주는 작품입니다.

주인공 닉 앨런(Nick Allen)은 평소에 엉뚱한 아이디어로 선생님들을 놀라게 하는 명랑하고 창의적인 성격의 학생입니다. 그는 수업 시간에 질문 하나로 수업 흐름을 바꾸는 재주가 있고, 친구들 사이에서도 인기가 많습니다.

닉은 5학년이 되자 새로운 국어 선생님인 그레인저 선생님(Mrs. Granger)을 만나게 됩니다. 그녀는 엄격하고 문법과 어휘의 중요성을 강조하는 분입니다. 닉은 수업 시간에 선생님에게 "단어는 누가 만드는 건가요?"라는 질문을 던지며 호기심을 보입니다. 이에 그레인저 선생님은 닉에게 단어의 기원과 사전에 대해 조사해서 발표하라고 하죠.

이 발표를 준비하던 닉은 문득, "왜 우리가 어떤 물건을 꼭 기존의 단어로만 불러야 하지?"라는 생각을 하게 됩니다. 그래서 그는 친구들과 함께 'pen(펜)' 대신 'Frindle(프린들)'이라는 새로운 단어를 쓰기로 합니다. 처음엔 친구들끼리 장난처럼 시작한 일이었지만, 닉은 이 아이디어를 학교 전체로 퍼뜨리기 시작하고 친구들도 적극적으로 따라줍니다. 결국엔 그레인저 선생님이 '프린들'이라는 말을 쓰지 못하게 하고, 이 일로 인해 선생님과 대립하게 됩니다.

문제가 점점 커지면서 교장 선생님도 이 문제에 개입하고, 지역 신문에 닉의 이야기가 실리면서 '프린들'은 순식간에 전국적인 이슈로 번집

책 읽어주는 교실

니다. 방송국, 신문 기자들, 심지어 사업가들까지 닉에게 관심을 가지기 시작하죠. 어느새 '프린들'은 아이들만의 놀이를 넘어 진짜 사전에 등재될 수도 있는 공식 단어처럼 자리 잡게 됩니다. 이 과정 속에서 닉은 엄청난 주목을 받지만 그는 내색하지 않고 조용히 상황을 지켜봅니다.

이후 몇 년이 흐르고 닉은 대학생이 됩니다. 어느 날 그는 편지 한 통을 받습니다. 그것은 바로 그레인저 선생님이 보낸 편지였어요. 선생님은 닉이 낸 아이디어가 얼마나 멋진 것이었는지 처음부터 알고 있었지만 일부러 닉이 스스로 성장할 수 있도록 대립하며 도와주었다고 말합니다. 그리고 선생님은 최신 사전을 함께 보내었는데 그 사전에는 'Frindle'이라는 단어가 정식으로 등재되어 있었습니다. 닉은 크게 감동을 받고, 진심으로 선생님께 감사의 마음을 갖습니다.

추천 이유

- 유쾌하고 빠른 이야기 전개와 마지막의 반전과 따뜻한 결말 덕분에 오랫동안 여운을 느낄 수 있는 독서 경험을 제공합니다.

- 아이들에게 단순히 규칙을 따르는 것이 아니라, 스스로 질문하고 실험하며 세상을 바꾸어 가는 태도의 중요성을 보여줍니다.

- 주인공 닉이 만든 새로운 단어가 사람들에게 퍼져 나가는 과정을 통해, 언어의 본질과 창의성의 힘을 자연스럽게 이해할 수 있습니다.

- 닉과 그레인저 선생님 사이의 갈등과 화해를 통해 학생과 교사의 관계, 교육의 의미에 다시금 되새기게 되며 교사와 학생 모두에게 울림을 줍니다.

함께 이야기 나눌 거리

1 이 이야기를 읽으며 어떤 생각이나 느낌이 들었나요?

2 이 책을 읽고 가장 인상 깊었던 장면이나 대사는 무엇인가요?

3 이 책에 등장하는 인물 중 특별히 마음에 남은 인물은 누구인가요? 그의 어떤 점이 특히 인상적이었나요?

4 이야기에서 어떤 장면이 특히 인상적이었나요? 그 이유는 무엇인가요?

5 이야기를 읽으며 이해하기 어려운 부분이 있었나요?

6 주인공 닉은 어떤 아이인가요? 친구 중에 닉과 비슷한 사람이 있나요?

7 이야기 초반에 나오는 그레인저 선생님은 어떤 분인가요?

8 닉이 '프린들'이라는 단어를 만들게 된 계기는 무엇이었나요? 그 단어를 만들면서 어떤 생각을 했나요?

9 닉과 친구들이 프린들이라는 단어를 사용할 때 선생님은 그 학생들에게 어떻게 했나요? 그레인저 선생님이 처음에는 '프린들'이라는 말을 쓰지 못하게 한 까닭은 무엇인가요?

10 그레인저 선생님이 학생들에게 내린 벌칙은 의도와는 다른 결과를 가져 왔지요. 어떤 결과를 가져왔나요?

11 이야기 초반, 닉과 그레인저 선생님 중 누구의 행동이 더 옳다고 생각했나요? 그 이유는 무엇인가요?

12 닉이 만든 단어가 학교와 마을 사람들에게 점점 퍼져 나간 이유는 무엇이라고 생각하나요?

13 '프린들'이라는 단어가 전국적으로 퍼지게 된 계기(사건)는 무엇이었나요?

14 그레인저 선생님이 겉으로 보여준 행동과 달리, 속마음으로는 닉을 어떻게 생각했을까요? 그 근거는 무엇인가요?

15 '프린들'이 사전에 실리게 된 과정에서 중요한 역할을 한 인물은 누구였나요? 그가 어떤 역할을 했다고 생각하나요?

16 그레인저 선생님이 겉으로 보기에 엄격하고 무서운 선생님처럼 행동한 진짜 이유는 무엇이었을까요? 그 선생님의 의도를 알게 되었을 때 어떤 생각이 들었나요?

17 닉은 '프린들' 덕분에 어떤 행운을 얻었나요?

18 닉이 어른이 된 후 그레인저 선생님에게서 받은 편지에는 어떤 내용이 담겨 있었나요? 닉은 그 편지를 읽고 어떤 생각을 했을까요?

19 그레인저 선생님의 편지 내용을 볼 때 선생님이 '프린들'이라는 단어를 사용하지 못하게 한 진짜 이유는 무엇이었나요?

20 만약 닉과 친구들이 그레인저 선생님의 훈계를 듣고 '프린들'이라는 말을 더 이상 사용하지 않았다면 어떻게 되었을까요?

21 주인공 닉처럼 다른 사람의 반대에도 자신의 아이디어를 지키기 위해 노력했던 경험이 있나요?

22 '프린들'이 단어로서의 힘을 갖게 된 과정을 통해 우리가 알 수 있는 언어의 특성은 무엇인가요?

23 만약 내가 새로운 단어를 만든다면 어떤 단어를 만들고 싶나요? 그 이유는 무엇인가요?

24 작가가 이 이야기를 통해 어떤 메시지를 우리에게 전하려고 했을까요?

25 최근에 사용되고 있는 신조어에는 어떤 것들이 있나요? 이러한 신조어가 널리 사용되면 모두 공식적인 언어로 인정해 줘야 할까요? 그렇게 생각하는 이유는 무엇인가요?

『으랏차차 뚱보클럽』

세상의 편견에 굴하지 않고 진정한 자아를 찾아가는 통쾌한 반란

작　　가: 전현정

그　　림: 박정섭

출판사: 비룡소

출　　간: 2013년

쪽　　수: 200쪽

대　　상: 초등 5~6학년

　　주인공 뚱보 은찬이가 자신의 타고난 모습을 그대로를 인정하고 자신만의 장점을 살리며 성장해 가는 과정을 유쾌하게 그려낸 작품입니다. 작품성이나 완성도에서 다소 아쉬운 점은 있지만, '외모'에 대한 고민과 편견을 다루고 있어 학생들과 외모에 대해 생각해 보고 같이 이야기 나눌 수 있는 좋은 작품입니다. 겉모습만으로 사람을 판단하는 세상 속에서 자존감을 찾아가는 주인공의 용기와 도전을 함께 응원하며 읽게 되는 책입니다. 박정섭 작가의 익살맞은 삽화는 이야기를 읽는 재미를 배가시킵니다.

　　초등학교 5학년인 고은찬은 키는 159cm이지만 몸무게가 79kg에 달

하는 뚱보입니다. 엄청난 먹성 탓에 친구들 사이에서 원래 이름보다는 '십인분'으로 통합니다. 은찬이는 먹성뿐만 아니라 친구들과 1대 10으로 줄다리기를 해서 이길 정도의 괴력도 가지고 있습니다. 학교 역도부 코치는 이런 은찬이를 알아보고 역도부 가입을 권하지만 운동을 전혀 좋아하지 않는 은찬이는 이런 제안에 관심을 보이지 않습니다.

은찬의 엄마는 뚱뚱한 몸매를 이용해 홈쇼핑에서 다이어트 상품을 광고하는 비만 전문 모델을 하는데, 은찬이만이라도 뚱보 세계에서 탈출시키기 위해 은찬에게 다이어트를 시킵니다. 은찬의 살이 쉽게 빠지지 않자 은찬에게 비만 교실에 등록할 것을 강요합니다. 은찬이는 온갖 운동을 시키고 식단까지 관리하는 비만 교실이 얼마나 힘든지 경험해 본 적이 있어 어떻게든 비만 교실을 다니지 않을 핑계를 찾기 시작합니다. 그러다 우연히 TV에서 장미란 선수가 역도를 하면 에너지 소모가 많아 많이 먹어도 체중이 잘 불지 않는다는 인터뷰를 듣고, 역도 선수가 되면 다이어트 압박에서 벗어날 수 있다는 생각에 역도부에 가입하기로 결심합니다.

어느 날 문예슬이라는 아이가 반에 전학을 옵니다. 예슬이에게 잘 보이고 싶은 은찬이는 예슬이가 운동을 좋아한다는 말에 얼떨결에 자신을 역도부라고 말해버립니다. 그리고 엄마의 반대에도 몰래 역도부에 가입합니다.

밤중에 자다가 깬 은찬은 엄마가 혼자 무언가를 먹는 모습을 보게 됩니다. 자세히 보니 맛있는 음식이 아니라 보기에도 역겨운 음식을 억지로 먹고 있는 것입니다. 일찍 돌아가신 아빠를 대신해 생계를 책임지고 있는 엄마가 살이 빠져 비만 전문 모델 일을 잃을까 봐 억지로 먹고 있었던 것입니다. 그리고 최근 할머니의 건강 악화로 수술비까지 필요하게 된 엄마는 자신보다 한참 어린 피디의 무례함까지 모두 참으며 비위를 맞추려 애를 쓰고 있습니다.

이런 사정을 알게 된 은찬은 가족에게 힘이 되기 위해 상금이 걸린 역도 대회에 출전을 결심하고 더욱 열심히 훈련에 임합니다. 첫 대회에 출전한 은찬이는 타고난 힘과 훈련 덕분에 대회에서 모두가 놀랄 만한 중량을 들어 올리며 사람들을 놀라게 합니다. 마지막 3차 시기에 실패하며 기대한 성적을 내지 못하지만 가족과 친구들로부터 자신의 재능과 노력을 인정받게 됩니다.

작가는 콤플렉스를 장점으로 바꿔 나가는 주인공의 긍정적인 태도를 통해 비만을 부정적으로 보는 사회적 편견을 다시 생각해 보게 합니다. 비만에 대해 서로 다른 시각을 가지고 있는 은찬이와 엄마의 대립은 이야기의 긴장감을 높여줍니다. 시력을 잃을지도 모르는 할머니, 장애가 있는 반 친구 예슬, 부상의 아픔을 겪은 역도부 주장 등 각 인물의 사연은 가슴을 뭉클하게 합니다. 그리고 이들과의 관계 속에서 조금씩 성장해 가는 은찬이의 모습을 통해 따뜻한 감동과 희망을 느끼게 됩니다.

추천 이유

- 사회 속에 만연한 외모 지상주의와 편견에 대해 진지하게 생각해 보게 합니다. 하지만 무겁지 않게, 때로는 유쾌하게 풀어내며 독자가 비판적으로 사고하게끔 유도합니다.

- 뚱뚱한 외모에 대한 사람들의 시선 때문에 위축되었던 주인공이 자신만의 장점을 찾으며 점점 성장하고 자신감을 회복해 가는 모습에서 진지한 감동을 느끼며 도전과 용기의 중요성을 생각하게 됩니다.

함께 이야기 나눌 거리

1   어떤 장면이나 대사가 가장 기억에 남나요? 왜 그 장면이 가장 기억에 남았나요?

2   주인공은 어떤 아이인가요?

3   주인공 고은찬의 별명은 무엇인가요? 왜 그런 별명이 붙었을까요?

4   은찬이의 어머니는 은찬이의 살을 빼기 위해 어떻게 했나요?

5   역도부 코치가 은찬이에게 역도부에 들어오라고 권유한 까닭은 무엇인가요?

6   은찬이가 역도부에 들어간 이유는 무엇인가요?

7   은찬이는 어떤 운동을 좋아하나요?

8   은찬이네 반에 새로 전학 온 문예슬은 어떤 아이인가요?

9 예슬이는 은찬이에게 어떤 내용의 편지를 썼나요?

10 예슬이가 은찬이에게 화가 난 까닭은 무엇인가요?

11 예슬이와 은찬이는 어떤 일을 계기로 다시 친해지게 되었나요?

12 은찬이는 원래 좋아하던 냉면을 어떤 일을 계기로 먹지 않게 되었나요?

13 은찬이의 어머니는 한밤중에 어떤 음식을 먹었나요? 왜 그런 음식을 억지로 먹었나요? 은찬이는 그 장면을 보고 왜 모른척했을까요?

14 은찬이는 어머니가 일하는 회사에 갔다가 어떤 장면을 보게 되나요? 그때 은찬이는 어떤 기분이 들었을까요?

15 은찬이가 주니어 역도 선수권 대회에 무리하게 나가려고 한 까닭은 무엇인가요?

16 은찬이는 대회에서 어떤 성적을 거두었나요?

17 은찬이는 역도를 하면서 어떻게 바뀌었나요?

18 엄마는 다이어트 상품 판매를 위한 비만 전문 모델 대신 어떤 일을 하게 되었나요?

19 만약 여러분이 주인공이라면 은찬이와 다르게 행동했을 부분이 있을까요?

20 이 이야기를 끝까지 읽고 새롭게 생각하게 된 점이 있었나요?

21 작가가 이 이야기를 통해 우리에게 전하려고 한 메시지는 무엇일까요?

22 이 동화책의 제목을 다르게 지어본다면 어떤 제목이 좋을까요?

『교환 일기』

전혀 다른 환경을 가진 세 아이의 갈등과 이해의 과정을 그린 동화

작　가: 오미경
그　림: 최정인
출판사: 푸른책들
출　간: 2005년
쪽　수: 약 167쪽
대　상: 초등 4~6학년

　서로 다른 환경과 고민을 가진 세 명의 소녀가 '교환 일기'를 통해 각자의 삶과 마음을 공유하면서 겪는 갈등과 화해, 내면의 성장 과정을 섬세하게 그려낸 작품입니다. 사소한 일에도 크게 기뻐하고 낙담하는 소녀들의 평범한 일상과 짝사랑의 수줍은 마음, 신비로운 몸의 변화를 '일기장'이라는 매개체를 통해 자연스럽게 보여줍니다. 그리고 이야기가 전개되며 사춘기 소녀들의 겉으로 보이지 않는 고민과 삶의 무게를 보여줍니다.

　초등학교 6학년이 된 강희, 민주, 유나는 같은 반 친구들입니다. 어느 날, 세 사람은 나란히 지각을 해 선생님께 함께 벌을 받게 됩니다. 처음

에는 어색했지만, 우연한 계기로 서로 이야기를 나누게 되고, 유나의 제 안으로 셋은 '교환 일기'를 써보기로 합니다. 서로 돌아가며 하루하루의 일을 적어 나누는 특별한 일기장이 만들어진 것이지요.

처음에는 가벼운 이야기들로 시작됩니다. 학교에서 있었던 일, 친구 들 사이의 일, 좋아하는 음식이나 드라마 이야기처럼 평범한 일상들입 니다. 하지만 시간이 지나면서 셋은 조금씩 자기 마음속 깊은 이야기를 꺼내 놓기 시작합니다.

강희는 예전에는 부유한 집에서 살았지만, 아버지의 사업이 실패하면 서 가족이 어려움에 빠졌습니다. 지금은 친척 집에 얹혀살며 눈치를 보 며 지내지만, 친구들에게 그런 처지를 들키고 싶지 않습니다. 그래서 일 부러 예전처럼 잘사는 척하고, 멋진 척하며 거짓말을 하기도 합니다. '잘 나가던 강희'라는 이미지를 지키고 싶은 마음 때문이었지요.

민주는 부모님이 돌아가신 뒤 어린 동생 민철이를 돌보며 할머니와 함께 삽니다. 친구들과 달리 방과 후에도 아르바이트를 하며 생활비를 돕습니다. 늘 피곤하고 힘들지만, 남들에게 동정받고 싶지 않아서 그런 내색을 하지 않습니다. 대신 일기 속에서는 처음으로 자신의 외로움과 두려움을 솔직히 털어놓습니다.

유나는 겉보기에는 세 친구 중 가장 평범하고 안정된 환경에서 자랍 니다. 부모님이 함께 계시고, 집도 넉넉하며, 성격도 밝습니다. 하지만 유나에게도 고민은 있습니다. 다른 친구들과의 관계에서 생기는 질투나

183

외로움, 부모님이 자신에게 거는 기대 때문에 느끼는 부담감 등, 겉으로는 드러나지 않는 감정들이 쌓여 있었지요.

시간이 지나면서 세 사람의 일기에는 서로의 다른 삶이 드러나기 시작합니다. 처음에는 흥미로웠던 교환 일기가 점점 서로의 상처를 마주하게 만드는 창이 됩니다. 강희의 거짓말이 조금씩 드러나고, 민주가 그 사실에 서운함을 느끼면서 셋의 관계는 흔들립니다. 유나 역시 두 친구 사이에서 갈등을 느끼며 괴로워합니다.

하지만 결국 세 사람은 교환 일기를 통해 서로의 진짜 마음을 읽게 됩니다. 강희가 왜 그렇게 거짓말을 해야 했는지, 민주가 왜 항상 강한 척을 하는지, 그리고 유나가 왜 늘 밝은 얼굴 뒤에 고민을 숨기고 있었는지를 알게 되지요. 셋은 서로의 처지를 이해하고, 그동안 쌓였던 오해와 서운함을 풀게 됩니다.

마지막 부분에서 아이들은 교환 일기를 덮으며, 그것이 단순한 기록장이 아니라 서로를 이해하고 자신을 돌아보게 한 거울이었다는 걸 깨닫습니다. 이제 그들은 겉모습이 아니라 마음으로 연결된 친구가 되었고, 진심으로 서로를 응원하는 관계로 성장합니다.

『교환 일기』는 단순한 학교 이야기처럼 보이지만, 그 속에는 진실과 거짓, 자존심과 이해, 외로움과 우정이 섬세하게 얽혀 있습니다. 서로의 삶을 몰랐던 세 친구가 글을 통해 서로의 세계를 이해하고, 진정한 우정이 무엇인지 깨닫는 성장의 과정을 그린 작품이지요. 또한 이 책은 어린이들에게 진심의 힘을 보여줍니다. 말로는 하지 못했던 감정을 글로 쓰면서 스스로를 치유하고, 친구의 마음을 공감하는 경험을 선물합니다.

추천 이유

- 이 책은 주인공 강희의 '거짓된 가면'과 민주의 '솔직한 진심'을 대비시키며, 독자들에게 자신에게 진실해야 하는 이유를 깊이 생각하게 합니다.

- 독자들은 비밀을 숨기려다 겪는 심리적 압박감과 결국 진실을 고백하며 얻게 되는 해방감을 보면서 콤플렉스와 약점을 숨기기보다 드러내고 극복하는 용기의 중요성을 배울 수 있습니다.

- 이 작품은 상대방의 아픔과 결점을 이해하고 받아들이는 과정을 보여줍니다. 강희의 거짓말이 드러났을 때 친구들이 보인 태도는, 진정한 우정은 판단이나 비난이 아닌 이해와 공감에서 온다는 것을 깨닫게 합니다. 학생들은 책을 통해 친구 사이의 신뢰를 어떻게 쌓고 지켜나가야 하는지에 대한 중요한 교훈을 얻을 수 있습니다.

- 소설 속 세 친구는 각기 다른 가정환경(강희의 부모 부재와 가난, 유나 엄마의 과잉보호 등)을 가지고 있습니다. 이를 통해 독자들은 완벽하지 않은 다양한 가족의 모습을 접하고, 친구의 배경을 편견 없이 바라보는 시각을 기를 수 있습니다.

- '교환 일기'라는 매개체를 통해 사춘기 소녀들이 느끼는 짝사랑, 질투, 불안, 외로움 등 보편적인 감정들을 섬세하게 다룹니다. 이는 독자인 학생들로 하

여금 '나만 이런 고민을 하는 것이 아니구나.'라는 공감과 함께, 주인공들이 서로의 일기를 읽고 치유받는 과정을 통해 정서적인 위로를 얻을 수 있게 해줍니다.

함께 이야기 나눌 거리

1 주인공 강희, 민주, 유나가 교환 일기를 쓰게 된 계기는 무엇인가요?

2 강희가 부모님에 대한 원망과 복수심 때문에 일부러 저질렀던 반항적인 행동에는 어떤 것들이 있었나요?

3 주인공 강희가 친구들에게 숨기려 했던 가장 큰 비밀은 무엇이며, 강희는 그 비밀을 숨기기 위해 어떤 행동을 했나요?

4 강희의 거짓말이 가장 결정적으로 탄로 날 위기에 처했던 사건은 무엇이 었나요?

5 유나가 교환 일기를 통해 친구들에게 털어놓은 가장 큰 고민은 무엇이었 나요?

6 민주는 교환 일기를 통해 강희의 잘못을 알게 되었을 때, 강희에게 직접 적으로 화를 내는 대신 어떤 방식으로 강희의 변화를 이끌어냈나요?

7 강희는 왜 자신에 대한 거짓말을 했다고 생각하나요?

8 결국 강희가 자신의 비밀과 거짓말을 친구들에게 솔직하게 고백할 수 있 었던 가장 큰 힘은 무엇이었다고 생각하나요? (강희가 더 이상 거짓말을

하지 않기로 결심한 이유는 무엇일까요?)

9   책에서는 "자신이 생각하는 콤플렉스를 겉으로 드러내 보였을 땐 더 이상 콤플렉스가 아니다."라고 말합니다. 이 문장이 뜻하는 바를 여러분의 말로 설명해 보세요.

10   이 책을 읽고 여러분이 친구 관계나 솔직함에 대해 새로 알게 되거나 느낀 점은 무엇인가요?

11   작가가 이 이야기를 통해 우리에게 전하고자 한 메시지는 무엇이라고 생각하나요?

12   만약 누군가 교환 일기를 쓰자고 제안한다면 쓸 건가요? 그 이유는 무엇인가요?

187

『에밀과 탐정들』

도둑을 잡기 위해 뭉친 어린이들의 용감한 도전과 활약

작　가: 에리히 캐스트너
그　림: 발터 트리어
번　역: 장은영
출판사: 시공주니어
출　간: 1995년 (독일 1929년)
쪽　수: 202쪽
대　상: 초등 5학년~중학생

『에밀과 탐정들』은 독일의 대표적인 아동문학 작가 에리히 캐스트너가 1929년에 발표한 작품으로, 발표 직후부터 지금까지 전 세계 어린이들에게 꾸준히 사랑받는 탐정 모험 동화의 고전입니다.

이 책의 주인공 에밀 티쉬바인은 베를린으로 가는 기차 안에서 낯선 남자에게 돈을 도둑맞습니다. 하지만 좌절하지 않고 베를린에서 만난 또래 친구들과 함께 도둑을 뒤쫓는 스릴 넘치는 추격전이 시작됩니다. 작고 평범한 아이들이 힘을 합쳐 범죄를 해결해 나가는 과정은 유쾌하면서도 감동적인 이야기로 펼쳐지며 독자에게 깊은 인상을 남깁니다.

『에밀과 탐정들』은 단순한 어린이 모험담을 넘어 정의감, 용기, 협동심, 책임감 같은 소중한 가치를 자연스럽게 전합니다. 또한, 작가 에리히 캐스트너는 기존 동화에서 흔히 볼 수 있었던 '마법'이나 '환상'이 아닌, 현실적인 세계 속에서 일어날 법한 사건을 통해 아이들 스스로의 힘과 판단을 믿고 존중하는 시선을 보여줍니다.

출간된 지 90년이 넘었지만 여전히 세대를 초월해 아이들에게는 흥미진진한 모험을, 어른들에게는 따뜻한 감동과 통찰을 선사하는 작품입니다.

주인공 에밀 티쉬바인은 독일의 작은 도시 노이슈타트에 살고 있는 열두 살 소년입니다. 아버지는 돌아가셨고, 어머니는 미용사로 일하며 어렵게 생계를 이어가고 있습니다. 착하고 성실한 에밀은 어머니를 돕기 위해 언제나 책임감 있게 행동하는 아이입니다.

어느 날 어머니는 베를린에 사는 에밀의 외할머니와 사촌 폰에게 며칠 동안 다녀오라고 말하며, 기차표와 함께 140마르크라는 큰돈을 에밀에게 맡깁니다. 이 돈은 외할머니에게 전달해야 할 돈이었기 때문에 에밀은 무척 조심합니다.

에밀은 기차를 타고 베를린으로 가는 도중, 객차에서 수상한 남자 한 명과 마주칩니다. 그 남자의 이름은 그룬트아이스. 처음에는 친절하게 다가오지만, 에밀은 본능적으로 그 남자가 믿을 수 없는 사람이라고 느끼고 경계합니다. 그런데 졸음을 참을 수 없어 잠시 눈을 감았다 뜬 에밀은 큰 충격에 빠집니다. 외할머니에게 전해야 할 140마르크가 감쪽같이 사라진 것입니다.

에밀은 그룬트아이스가 분명 범인일 거라고 직감하지만 경찰에 신고하지 않고 직접 뒤쫓기로 결심합니다. 베를린이라는 큰 도시에 도착한 에밀은 곧 그룬트아이스를 발견하고 몰래 뒤쫓기 시작합니다.

하지만 혼자 힘으로는 도저히 감당하기 어려운 상황. 바로 그때 우연히 만난 소년 구스타브와 그의 친구들이 에밀의 사정을 듣고 도움을 제안합니다. 이들은 즉석에서 '어린이 탐정단'을 조직하고 작전을 세워 도둑의 뒤를 밟기 시작합니다.

아이들은 감시조, 보고조, 전달조로 역할을 나누고, 작전을 짜서 그룬트아이스를 끈질기게 추적합니다. 결국 그룬트아이스가 은행에 들어가는 것을 보고, 재치 있게 경찰을 불러 현장에서 그룬트아이스를 체포하게 합니다.

체포된 그룬트아이스는 전과 27범의 범죄자로 밝혀지고, 에밀은 잃어버린 돈을 되찾습니다. 사건이 해결된 뒤 에밀과 친구들은 언론에도 소개되고 가족과 이웃들에게 큰 칭찬을 받으며 이야기가 마무리됩니다.

추천 이유

- 작가는 어른의 시선이 아닌 어린이의 눈높이에서 세상을 바라보며 이야기를 전개합니다. 아이들을 무조건 보호받아야 할 존재가 아니라, 스스로 판단하고 행동할 수 있는 주체로 묘사해 어린이 독자들에게 자신감을 심어줍니다.

- 아이들의 순수한 정의감과 용기, 그리고 친구들과 함께하는 즐거움이 가득한 작품입니다. 에밀과 친구들이 힘을 합쳐 범죄를 해결하는 과정이 흥미진진하게 전개되어 마치 범인을 같이 쫓고 있다고 느끼며 이야기에 몰입하게 됩니다.

- 친구들이 힘을 합쳐 문제를 해결하는 과정을 지켜보며 정의감과 용기, 책임감을 자연스럽게 익히게 해줍니다. 특히, 아이들에게 스스로 문제를 해결하려는 태도를 키워줍니다.

함께 이야기 나눌 거리

1 이야기를 읽으며 어떤 생각이나 느낌이 들었나요?

2 어떤 장면이나 구절이 가장 인상 깊었나요? 그 이유는 무엇인가요?

3 책을 읽으면서 이해하기 어려웠던 부분이 있었나요?

4 에밀은 어쩌다가 돈을 잃어버리게 되었나요?

5 에밀은 왜 경찰에 바로 신고하지 않고 스스로 도둑을 쫓았을까요? 여러

분이라면 어떻게 했을 것 같나요?

6 에밀과 친구들은 범인을 쫓기 위해 어떤 작전을 펼쳤나요?

7 에밀이 범인을 잡을 수 있었던 것은 무엇 덕분인가요?

8 만약 에밀이 베를린이 아니라 지금의 서울에 왔다면 이야기는 어떻게 달라졌을까요?

9 어른들의 도움을 받지 않고 어린이들끼리 도둑을 잡으려고 하는 행동에 대해 어떻게 생각하나요?

10 만약 내가 현실에서 이런 도둑을 만나 큰돈이나 소중한 물건을 잃어버린다면 어떻게 해결할 수 있을까요?

11 이 이야기에 점수를 준다면 몇 점을 주겠습니까? 그 점수를 준 이유는 무엇인가요?

12 만약 작가가 같은 주인공으로 이 작품의 후속작을 쓴다면 어떤 이야기를 쓸 것 같나요?

『몽실 언니』

가족의 해체와 역사의 고난을 온몸으로 견뎌낸 몽실이의 가슴 시린 성장 기록

저 자: 권정생
그 림: 이철수
출판사: 창작과비평사
출 간: 1984년
쪽 수: 300쪽
대 상: 초등 고학년 이상, 성인까지

　『몽실 언니』는 1950년 전후 해방과 전쟁의 상황에서 당시 사람들이 겪어야 했던 고난과 상실, 그리고 그런 어려움 속에서도 서로를 챙기고 위하는 따뜻한 인간애와 삶의 의지를 보여주는 작품입니다. 『몽실 언니』는 단순한 동화가 아니라, 한국 현대사의 아픔을 어린이의 시선에서 그려낸 역사적 성장소설이라 평가됩니다. 또한 이 작품은 깊은 주제와 작품성을 고루 갖추고 있어 한국 창작 동화의 대중화와 질적 성장을 이끌었다는 평가를 받으며 한국 아동문학의 대표적인 고전 작품으로 꼽히고 있습니다. 우리나라 아동문학 작품 중 드물게 100만 부 이상 판매된 밀리언셀러로, 출판된 지 40년이 넘은 지금도 꾸준히 사랑받고 있습니다.

이는 주인공 몽실이를 통해 격동의 역사 속에서도 결코 희망을 잃지 않고 삶을 이어 나가는 인간의 내면을 섬세하게 그려내어 주 독자층인 아동뿐만 아니라 성인 독자에게도 깊은 감동과 울림을 주기 때문입니다.

이 작품은 해방과 6·25 전쟁이라는 격변의 시대를 배경으로, 주인공 몽실이의 어린 시절부터 성인이 되기까지의 삶을 그리고 있습니다. 몽실이는 가난과 전쟁으로 인해 가족이 흩어지고 고난을 겪지만, 동생들과 주위 사람들을 따뜻하게 보살피며 굳세게 살아갑니다. 몽실이는 자신의 행복보다 남을 먼저 챙기는 희생적인 모습, 그리고 어려운 환경에서도 꿋꿋하게 살아가는 강인한 모습으로 독자들에게 큰 감동을 줍니다.

몽실이네 가족은 일제 강점기에 일본에 살다가 해방이 되어 고향으로 돌아왔지만 마땅한 집도, 농사지을 땅도 없어 남의 일을 전전하며 힘들게 살아갑니다. 가난을 참지 못한 몽실의 엄마 밀양댁은 아버지가 멀리 돈 벌러 간 사이 몽실을 데리고 도망가 댓골의 김 씨와 재혼을 합니다. 이 집에서 어느 정도 적응할 무렵 아들 영득이가 태어나고 몽실은 그 집에서 찬밥 신세가 됩니다. 새아버지와 새할머니가 몽실을 점점 모질게 대하면서 어머니 밀양댁과 새아버지가 다투는 일이 잦아집니다. 그러던 중 친아버지 정 씨가 찾아와서 한바탕 난리를 부리고 돌아가자 새아버지 김 씨는 크게 화를 내며 밀양댁과 몽실을 마루에서 밀치는 바람에 몽실이는 넘어져 다리가 부러지고 결국 절름발이가 됩니다.

고모가 몽실을 데리러 오자 그 집에서 더 이상 살기 힘들다고 판단한

책 읽어주는 교실

몽실은 아버지 정 씨와 다시 살게 됩니다. 그런데 고모의 주선으로 아버지는 재혼을 하여 몽실은 북촌댁을 새어머니로 맞아들입니다. 다행히 새어머니 북촌댁은 마음씨가 착하여 몽실을 친딸처럼 챙겨주고 몽실이도 마음을 열어 둘은 친 모녀처럼 다정하게 살게 됩니다.

얼마 후 전쟁이 일어나면서 아버지는 입대 통지서를 받고 전쟁터로 떠납니다. 북촌댁은 임신하면서 건강이 점점 나빠지고 아기를 낳다가 죽고 맙니다. 홀로 갓난아기를 책임져야 하는 몽실은 이웃의 도움을 받으며 어떻게든 버텨보려고 합니다. 마을로 들어온 인민군 언니는 몽실이에게 도움을 주고 두 사람은 전쟁과 사람에 대한 이야기를 깊이 나누기도 합니다.

노루실에서 더 이상 버티기 힘든 몽실은 고모에게 의지하기 위해 동생 난남이를 업고 먼 길을 걸어 고모 집을 찾았지만 고모부는 인민군에게 끌려가고 고모는 폭격으로 죽었다는 말을 듣게 됩니다. 몽실은 내키지 않았지만 친어머니 밀양댁을 찾아갑니다. 다행히 몽실을 구박하던 할머니는 세상을 떠났고, 새아버지 정 씨도 보국대로 가고 없어 몽실은 마음 편하게 엄마와 지낼 수 있었습니다. 그러나 그 행복도 오래 가지 못하고 새아버지 정 씨가 돌아와 몽실은 다시 동생 난남이를 데리고 노루실로 돌아옵니다.

몽실이는 생계가 막막하던 중 이웃 할머니의 주선으로 읍내 부잣집 최 씨네 집의 식모살이를 하게 됩니다. 다행히 최 씨네 가족은 몽실을 다정하게 대해주어 몽실은 그곳에서 안정된 생활을 하게 됩니다. 그러다 아버지 정 씨가 전쟁터에서 돌아와 다시 아버지와 살게 됩니다. 그러나 아버지는 전쟁터에서 크게 다쳐 몽실이가 아버지의 병간호와 생계를 모두 책임져야 합니다. 딱히 할 수 있는 것이 없는 몽실은 모든 자존심을 버리고 스스로 거지가 되어 구걸해서 어린 난남이와 아버지를 먹여 살립니다. 그러던 중 댓골 어머니가 위독하다는 소식을 듣고 찾아갔으나 어머니는 이미 돌아가시고 장례식을 치르고 있었습니다. 몽실은 노루실과 댓골을 오가며 양쪽의 어린 동생들을 챙겼으나 댓골 김 씨가 재혼하면서 그곳의 동생 영득이와 영순이를 더 이상 만나지 못합니다.

아버지의 병이 점점 악화되자 부산에 무료로 치료해 주는 자선병원이 있다는 말을 듣고 병원을 찾아갑니다. 그러나 그곳에는 이미 수백 명의 사람들이 줄을 서고 있었습니다. 몽실은 아버지와 길거리에 줄을 서서 담요 하나에 의지한 채 며칠 밤을 새우며 기다렸지만 아버지는 치료를 받지 못하고 결국 길 위에서 죽게 됩니다. 몽실은 아버지를 고향 마을에 묻고, 자선병원 앞에서 같이 줄을 서면서 알게 된 청년 배수근의 배려로 그의 애인 서금년과 함께 살게 됩니다. 그곳에서 한동안 비교적 편안한 생활을 하게 되지만 몽실은 고향을 그리워합니다. 그러다 동생 난남이는 부잣집의 양녀로 입양 가고 몽실이는 홀로 남게 됩니다.

그로부터 30년이 지난 시점, 몽실이는 구두 수선쟁이 꼽추를 만나 결혼하여 기덕, 기복 남매를 낳고 시장에서 장사를 하며 살아가고 있습니다. 새아버지가 새장가를 가면서 멀리 이사 갔던 영득이와 영순이와도 편지로 소식을 전하며 서로의 안부를 걱정합니다. 난남이는 입양을 간 집에서 귀여움을 받으며 성장하여 결혼하여 행복한 생활을 하는 듯했으나 결핵을 앓게 됩니다. 치료를 위해 오랫동안 병원에 입원하고 있는 사이 난남이의 남편은 다른 여자와 재혼하여 난남이는 혼자가 됩니다. 그리고 몽실이 병원에 홀로 남은 난남이를 찾는 것으로 이야기가 마무리 됩니다.

『몽실 언니』는 한국전쟁 전후의 사회적 혼란과 처참한 가난 속에서 개인이 겪을 수밖에 없었던 어려움과 갈등을 어린 소녀 몽실을 통해 사실적으로 그리고 있습니다. 몽실이의 아픔과 성장은 당시 많은 이들이 겪었던 사회적, 개인적 비극을 대변하며, 동시에 인간애와 치유의 가능성을 일깨워 줍니다.

『몽실 언니』는 인간 내면의 감정과 관계를 섬세하게 묘사하면서, 그 속에서 진정한 성장과 삶의 가치를 찾아가는 과정을 그려낸 작품입니다. 이 작품을 통해 깊은 감동을 느낌과 동시에 작가가 우리에게 어떤 메시지를 주려고 했는지 자연스럽게 생각해 보게 됩니다. 당시 일반 민중의 삶의 모습, 전쟁의 비인간성과 아픔, 지독한 가난과 전쟁 속에서도 서로를 챙기고 위하는 따뜻한 인간애, 북한 인민군의 인간적인 모습, 삶의 의지와 인생의 길 등 많은 것을 생각해 보게 됩니다.

추천 이유

- 6 · 25 전쟁과 해방 전후의 역사 배경과 당시를 살아가는 평범한 사람들의 삶의 모습을 엿볼 수 있습니다.

- 지독한 가난과 불행 속에서도 서로를 돕고 위하는 따뜻한 인간애와 연대의 소중함을 느끼게 됩니다.

- 주변 사람들의 삶을 살피며 인생의 길을 찾아가는 몽실이를 통해 인생의 의미에 대해 생각해 볼 수 있습니다.

- 북한군의 인간적인 모습을 통해 적으로 만나지만 않으면 북한 사람들도 평범한 이웃이 될 수 있다는 가능성을 보여줍니다.

함께 이야기 나눌 거리

1 이 작품을 읽으며 어떤 생각이나 느낌이 들었나요?

2 어떤 장면이 가장 기억에 남나요? 그 이유는 무엇인가요?

3 책을 읽으며 이해하기 어려운 부분이 있었나요?

4 몽실이의 엄마는 왜 남편을 버리고 떠났나요?

5 몽실이는 아버지를 버린 엄마에 대해 어떻게 생각했나요?

6 몽실이는 어쩌다가 절름발이가 되었나요?

7 야학을 하는 최 선생은 학생들에게 어떤 이야기를 들려주었나요? 그리

고 몽실이는 그 이야기를 듣고 어떤 생각을 했나요?

8 새어머니 북촌댁은 어떤 사람이었나요?

9 몽실이와 새어머니 북촌댁이 가까워진 계기는 무엇인가요?

10 새어머니 북촌댁이 몽실이에게 동생이 태어나면 귀여워해 달라고 부탁한 까닭은 무엇일까요?

11 인민군 여자와 몽실이는 어떤 대화를 주고받았나요?

12 읍내에서 신발 가게를 하는 최 씨네 가족은 몽실이를 어떻게 대했나요?

13 몽실이는 꽃 파는 아이를 만나고 어떤 생각을 하였나요?

14 전쟁에서 돌아온 아버지는 어떤 모습이었나요?

15 이웃들은 어려움에 처한 몽실이에게 여러 가지 도움을 줍니다. 누가 어떤 도움을 주었는지 기억나는 사람이 있나요?

16 몽실이가 아버지의 치료를 위해 자선병원에 갔을 때 그곳은 어떤 상황이었나요?

17 부산에서 몽실이에게 도움을 준 사람은 누구인가요? 어떤 도움을 주었나요?

18 몽실이의 엄마, 새어머니, 아버지, 새아버지는 마지막에 어떻게 되었나요?

19 몽실이의 동생 난남이, 영득이, 영순이는 마지막에 어떻게 되었나요?

20 몽실이는 어떤 아픔과 고난을 겪게 되나요? 몽실이가 그런 어려움을 겪을 수밖에 없었던 것은 무엇 때문인가요?

21 몽실이가 어려운 형편에도 끝까지 버티고 살아갈 수 있었던 까닭은 무엇이라고 생각하나요?

22 전쟁은 몽실이네 가족의 삶에 어떤 영향을 주었나요?

23 여러분은 한반도에 다시 전쟁이 일어날 가능성이 있다고 생각하나요? 만약 다시 전쟁이 벌어진다면 어떻게 될까요? 여러분의 가족은 어떻게 될까요?

24 전쟁이 일어나지 않게 하려면 어떻게 해야 할까요?

25 이 작품에서 몽실이가 경험하거나 목격한 북한 사람(인민군)은 어떤 사람들이었나요?

26 보통의 평범한 북한 사람들은 어떨 것 같나요? 우리와 많이 다를까요, 비슷할까요?

27 만약 여러분이 몽실이처럼 가족을 책임져야 하는 일이 생긴다면 어떤 일을 할 수 있을까요?

28 여러분은 아버지를 버리고 간 몽실이의 엄마에 대해 어떻게 생각하나요?

29 몽실이는 평범하지 않은 가족 관계를 맞이합니다. 몽실에게 가족은 어떤 의미였을까요?

30 몽실이에게서 우리가 배울 점은 무엇일까요?

31 작가는 이 이야기를 통해 우리에게 어떤 메시지를 전달하려고 했을까요?

『전쟁놀이』

일본에 동화된 철부지 아이가 겪는 혼란과 뒤늦은 깨달음

작　가: 현길언
그　림: 이우범
출판사: 계수나무
쪽　수: 144쪽
대　상: 초등 5학년 ~ 중학생

　　현길언 작가의 『전쟁놀이』는 일제 강점기 말의 제주도를 배경으로 일제에 동화된 어린 소년의 모습을 통해 당시의 시대상을 새로운 시각으로 밀도 있게 그려낸 작품입니다. 전쟁을 놀이로 생각하고 일본군을 동경하던 철부지 아이 세철이가 실제 전쟁이 낳는 고통과 상실을 경험하고 일본의 패망을 목격하면서 겪는 내적 갈등과 성장 과정을 담고 있습니다. 전쟁의 비극을 겪는 한 소년의 내면 성장을 밀도 있게 그려낸 작품으로 평가받고 있습니다.

　　주인공이 처음부터 선의 편, 정의의 편에 섰던 다른 작품들과 달리 일본에 동화된 주인공의 모습을 보며 처음에는 다소 낯설게 느껴질 수 있

201

는 작품입니다. 그러나 그러한 설정이 오히려 새로움을 주고 당시의 상황에 대해 새로운 시각에서 많은 것을 생각하게 합니다. 학생들에게는 다소 낯선 배경과 이야기이기 때문에 책을 읽기 전에 아이들에게 당시의 시대상과 작품의 특징에 대해 미리 설명을 해주면 작품 이해에 도움이 될 것입니다.

이야기는 어린 소년 세철을 중심으로 전개됩니다. 당시 제주에서는 일본 제국주의의 영향 아래 학교와 사회 전반에서 일본군이 강하고 위대한 존재로 가르쳐지고, 세철도 자연스럽게 그런 가치관을 받아들입니다.

세철이의 아버지는 면사무소에 다니고, 삼촌은 군청에 다닙니다. 할아버지는 말과 소를 많이 키웁니다. 특별한 산업이 발달하지 않았던 농업 중심 사회에서 세철이네는 지역에서 부유층에 속한다고 볼 수 있습니다. 그리고 세철의 아버지와 삼촌이 국가 기관에 근무한다는 것은 일제에 어느 정도 협력했다고 볼 여지도 있습니다. 어려서부터 이러한 집안에서 자란 세철이 일본식 교육을 받으며 일본식 사고에 물든 것은 당연한 결과입니다.

세철은 학교에서 일본군이 계속 이기고 있다는 소식을 듣고, 일본군이 위엄 있게 훈련하는 모습을 보며 앞으로 일본군 장교가 되고 싶어 합니다. 그리고 친구들과 함께 매일같이 자신들이 흉내 낼 수 있는 전쟁놀이를 하고, 놀이 속에서 전쟁을 영광스럽게 여깁니다.

그러나 전쟁 현실은 왜곡된 꿈과 다름을 세철은 점차 깨닫게 됩니다.

특히 징집되어 갔던 삼촌이 전사하여 유해로 돌아오면서 세철은 전쟁의 참혹함과 허구성을 직면하게 됩니다. 그리고 항상 이기기만 할 줄 알았던 일본군이 갑자기 패전했다는 소식에 세철은 큰 혼란을 느낍니다. 이러한 일련의 사건을 통해 세철은 자신이 그동안 생각했던 전쟁의 모습과 자신의 가치관에 대해 다시 생각하기 시작합니다.

당시 일제는 조선의 행정 중심지마다 일본 천황의 조상신과 식민 통치에 기여한 인물을 기리는 신사를 세우고, 국민들에게 국가 의례로서 정기적으로 신사에 가서 제사를 지내도록 강요했습니다. 신사가 일본 제국주의의 식민 통치와 황민화 정책(皇民化政策)의 핵심적인 수단으로 활용되었던 것입니다. 이야기의 마지막에 그려진 신사가 불타는 장면은 일본의 패망과 더불어 일제와 황민화 교육이 세철의 내면에 심어놓았던 가치 체계가 완전히 무너졌음을 상징적으로 보여주는 장면이라고 할 수 있습니다.

『전쟁놀이』는 어린 독자뿐 아니라 어른에게도 많은 질문을 던지는 작품입니다. 우리는 어떻게 역사를 기억해야 하는가, 전쟁과 평화는 우리의 삶에 어떤 의미인가, 꿈과 현실의 간극은 어떻게 마주해야 하는가 등에 대해 생각해 보게 합니다.

이 작품은 현길언 작가의 연작 성장소설의 첫 번째 작품으로, 뒤이어 『그때 나는 열한 살이었다』, 『못자국』 등이 이어집니다. 각기 다른 배경과 사건을 다루지만 이들 작품도 함께 읽어보기를 추천합니다.

추천 이유

- 이 작품은 전쟁의 피해자나 저항자의 시각이 아닌, 일제에 동화되어 있던 어린 소년 세철의 시각을 통해 일제 강점기 말의 복잡한 시대상을 보여줍니다. 학생들은 '처음부터 선과 악이 명확하지 않은' 주인공의 모습을 보면서, 당대 민족 구성원들이 처했던 다양한 상황(협력, 동화, 저항 등)을 입체적으로 이해하게 됩니다. 이는 단순한 암기가 아닌, 역사에 대한 비판적 사고력과 공감 능력을 기르는 데 도움을 줍니다.

- 주인공 세철은 자신이 믿고 동경하던 가치가 삼촌의 죽음과 일본의 패망이라는 현실의 비극 앞에서 산산조각 나는 극적인 내적 갈등을 겪습니다. 전쟁의 비극이라는 극한 상황을 통해 '꿈과 현실의 간극', '내가 믿었던 것의 허구'를 마주하며 가치관이 재정립되는 밀도 있는 성장 과정을 경험할 수 있습니다. 이는 청소년들이 자신의 가치관을 성찰하고, 현실의 혼란을 극복하는 데 필요한 내적 성숙의 의미를 깊이 생각해 볼 기회를 제공합니다.

- 문장은 비교적 절제되어 있으며 감정을 직접적으로 드러내기보다는 사건과 행동이나 표정을 통해 내면을 암시하는 방식이 많습니다. 그리고 떡을 주며 하는 아버지의 말이나 신사가 불타는 장면 등 무언가를 상징적으로 나타내는 장면이 곳곳에 나타납니다. 학생들과 함께 책을 읽고 "신사는 세철에게 무엇을 의미했을까?"와 같은 문학적 질문을 던지고 해석하는 과정을 통해 문학 작품 속 상징과 은유를 읽어내는 해석 능력을 효과적으로 향상시킬 수 있습니다.

함께 이야기 나눌 거리

1 이 책을 읽으며 어떤 생각이나 느낌이 들었나요?

2 어떤 장면이나 대사가 가장 기억에 남나요? 왜 그 장면(대사)이 가장 기억에 남았나요?

3 세철의 가족은 각각 어떤 일을 하나요? 이를 통해 세철이네가 어떤 집이라는 것을 짐작할 수 있나요?

4 세철이의 아버지는 일본에 대해 어떻게 생각하고 있었을까요? 그렇게 생각하는 이유는 무엇인가요?

5 세철이는 앞으로 어떤 사람이 되고 싶어 하나요? 세철이가 그런 장래 희망을 갖게 된 이유는 무엇일까요?

6 세철의 형은 학교에서 공부 말고 다른 활동을 하는 장면이 조금씩 나옵니다. 어떤 장면인가요? 이런 장면을 통해 당시 어떤 상황임을 알 수 있나요?

7 삼촌이 입대 통지서를 받았을 때 세철이와 어른들의 반응은 달랐습니다. 각각 어떻게 반응했나요? 그리고 왜 반응이 그렇게 달랐을까요?

8 일제 시대에 신사는 어떤 곳이었나요?

9 세철이 전쟁놀이에서 대장 역할을 할 수 있었던 이유는 무엇일까요?

10 전쟁놀이에서 주로 일본군 역할을 하던 아이들이 미군 역할을 하면서 놀이에 어떤 변화가 생겼나요? 이는 세철이에게 어떤 영향을 미쳤나요?

11 삼촌은 전쟁터에 나갔다가 전사를 합니다. 그런데 교장 선생님이 아침 조

회 때 삼촌 이야기를 하자 아이들이 세철이를 부러워합니다. 그 이유는 무엇일까요?

12 세철이는 바다에 나갔다가 큰 위험에 처합니다. 어떤 위험에 처하나요? 그 상황에서 누가 세철이를 구해주나요? 그 사건은 세철이에게 어떤 영향을 미쳤나요?

13 어느 날 일본이 전쟁에서 졌다는 소식을 듣고 할아버지는 "몇 달만 빨랐어도……."라고 혼잣말을 합니다. 이 말의 의미는 무엇일까요?

14 한밤중에 신사가 불타는 것을 보며 할머니는 울면서 "아이고, 내 자식! 불쌍한 것."이라고 말합니다. 이 상황에서 할머니는 왜 이런 말씀을 하셨을까요?

15 일제 시대에 신사는 어떤 곳이었을까요? 신사가 불타는 장면은 무엇을 상징한다고 생각하나요?

16 이야기의 마지막에 일본 군인들이 떠나고 세철이 교무실 앞 복도로 갔을 때 삼촌의 액자 사진은 어떻게 되어 있었나요? 이는 무엇을 의미하나요?

17 세철이는 처음에 일본군에 대해 어떻게 생각했나요? 그러한 생각은 나중에 어떻게 바뀌나요?

18 우리나라 사람으로서 일본군 장교를 꿈꾸는 세철이에 대해 어떻게 생각하나요?

19 내가 만약 일제 시대에 살았다면 세철이와 비슷한 생각을 할까요, 다른 생각을 할까요?

20 앞으로 세철이의 생각이나 가치는 어떻게 바뀔 거 같나요?

21 세철이나 다른 인물에게 궁금한 점을 물어본다면 누구에게 어떤 질문을
하고 싶나요?

5부 아이들에게 꼭 읽히고 싶은 책 2: 초등 5·6학년~중학생용

『홍길동전』

사회 모순과 문제에 맞선 조선판 히어로의 이상향을 향한 도전

작　가: 서정오 (원저: 허균)

그　림: 홍영우

출판사: 보리

출　간: 2020년

쪽　수: 111쪽

대　상: 초등 5학년 이상

　홍길동전, 흥부전, 심청전, 춘향전, 허생전 등 다양한 우리 고전 소설이 학생들을 대상으로 꾸준히 출판되고 있습니다. 모두 읽어볼 가치가 충분한 작품이지만 학생들과 함께 읽고 이야기를 나눌 작품을 하나만 고르라면『홍길동전』을 꼽고 싶습니다.『홍길동전』은 조선 중기의 실학자 허균이 지은 작품입니다. 일종의 영웅의 모험담이면서, 동시에 당시 사회의 부조리와 봉건적 신분 제도를 비판하고 정의롭고 이상적인 사회를 꿈꾸는 주인공 홍길동의 모험과 활약을 그립니다. 이번 책은 옛이야기를 꾸준히 연구하고 집필해 온 서정오 작가가 초등학생 수준에 맞게 새롭게 쓴 책입니다.

홍길동은 말 그대로 동에 번쩍 서에 번쩍하며 분신술과 축지법을 사용하는 조선판 히어로입니다. 그는 단순히 악당을 물리치는 히어로에 그치지 않고 사회의 문제점을 근본적으로 고치고자 하는 혁명가로 그려집니다. 따라서 초능력을 지닌 영웅의 통쾌한 활약상을 보는 재미와 함께, 세상의 부조리를 바로잡고 이상적인 사회를 건설하려고 하는 주인공의 고민과 노력, 그 속에서 한계에 부딪히는 모습을 보며 작가가 전하고자 하는 메시지를 동시에 생각해 보게 하는 작품입니다.

좌의정 홍 판서에게는 총명하고 비범한 아들 길동이 있었습니다. 그러나 길동은 첩의 자식이라는 이유로 '아비를 아비라 부르지 못하고 형을 형이라 부르지 못하는' 서러움을 겪으며 집안에서 천대받습니다. 그는 뛰어난 재능에도 불구하고 신분 때문에 뜻을 펼칠 수 없음에 좌절하고, 심지어 가족들이 자신을 해치려 한다는 사실을 알고 집을 떠나기로 결심합니다. 아무리 뛰어난 재능을 가졌어도 신분이라는 벽에 가로막혀 뜻을 펼칠 수 없는 현실은 당시 서민들의 좌절감을 그대로 반영합니다.

길동은 전국을 유랑하며 자신의 능력을 활용해 부패한 탐관오리들을 벌하고 억울한 백성을 돕는 의적으로 활동합니다. 그는 도적 떼를 모아 '활빈당'을 조직하고, 팔도 곳곳을 다니며 백성들에게 빼앗은 재물을 다시 돌려주는 등 쾌도난마 같은 활약을 펼쳐 백성들로부터 칭송을 받게 됩니다. 그의 신출귀몰한 도술과 변신술은 부패한 권력에 대한 통쾌한 복수이자, 억압받던 백성들에게는 한 줄기 희망이 됩니다. 홍길동의 활약은 단순히 도적질을 넘어 부당한 사회 질서를 바로잡고 정의를 실현하려는 적극적인 사회 개혁 운동으로 읽힙니다.

조정에서는 홍길동을 잡기 위해 갖은 노력을 하지만, 길동은 신출귀몰한 도술과 변신술로 관군을 농락합니다. 결국 조정에서는 홍길동을 잡는 것을 포기하고 그의 요구대로 병조판서의 벼슬을 내립니다. 홍길동은 잠시 병조판서가 되어 백성들의 어려움을 해결하고 조정의 부패를 바로잡으려 하지만, 결국 조선 땅에서는 자신의 이상을 실현하기 어렵다고 판단합니다.

이후 홍길동은 새로운 이상 국가를 건설하기 위해 무리를 이끌고 바다를 건너 '율도국'을 발견합니다. 율도국은 악한 도적들이 백성을 괴롭히는 곳이었는데, 홍길동은 이 도적들을 물리치고 백성들의 추대를 받아 율도국의 왕이 되어 이상적인 국가를 만드는 것으로 이야기는 끝이 납니다. 율도국은 신분 차별이 없고 모두가 평등하게 살아가는 곳으로, 홍길동이 꿈꾸던 자유와 평등, 정의가 실현되는 공간입니다. 이는 현실에서는 불가능했던 이상향에 대한 염원을 담고 있습니다.

주인공 홍길동은 조선 후기 사회의 병폐를 날카롭게 비판하며 이상적인 사회를 꿈꾸는 민중의 염원을 대변하고 있습니다. 『홍길동전』에서 다루고 있는 신분 차별, 부패한 권력, 그리고 억압받는 개인의 고뇌는 오늘날에도 여전히 유효한 문제의식으로 다가옵니다. 홍길동의 이야기는 낡은 관습과 부조리에 맞서 싸우고, 더 나은 세상을 향해 나아가려는 인간의 보편적인 열망을 담고 있습니다. 따라서 이 작품을 통해 영웅의 모험담이 주는 재미를 느낄 수 있고, 동시에 봉건 사회의 모순과 당시 사람들의 정서와 바람이 무엇인지 엿보며 오늘날의 모습과 비교하며 다양한 관점에서 생각해 볼 수 있습니다.

추천 이유

- 판타지적 요소와 영웅 서사가 어우러져 흥미롭게 고전을 접할 수 있습니다.

- 작품 속에 담긴 사회 정의와 평등에 대한 메시지를 통해 올바른 가치관을 키울 수 있습니다.

- 주인공 홍길동이 서자로서 겪는 차별과 투쟁을 통해 한국 전통 사회의 문제점을 이해할 수 있습니다.

- 당시 조상들의 생활과 역사 이해에 필요한 어휘를 자연스럽게 익힐 수 있습니다.

함께 이야기 나눌 거리

1   『홍길동전』을 읽으며 어떤 생각이나 느낌이 들었나요?

2   가장 기억에 남는 장면은 무엇인가요? 왜 그 장면이 기억에 남아요?

3   홍길동은 어떤 차별을 받았나요? 그런 차별을 받은 이유는 무엇인가요?

4 홍길동이 집을 떠나려고 한 이유는 무엇인가요?

5 홍길동은 어떤 능력을 갖고 있나요? 홍길동의 능력 중에 가장 갖고 싶은 능력은 무엇인가요?

6 홍길동은 자신의 뛰어난 재능을 어떻게 활용했나요?

7 홍길동은 왜 병조판서 벼슬을 하려고 했나요?

8 홍길동이 병조판서 벼슬을 포기한 이유는 무엇인가요?

9 홍길동이 꿈꾸는 나라는 어떤 나라였을까요?

10 작가는 『홍길동전』을 통해 당시 사람들에게 어떤 메시지를 주려고 했을까요?

11 만약 여러분이 우리나라를 바꿀 힘이 있다면 어떤 나라로 바꾸고 싶나요?

12 홍길동은 조선 시대의 히어로(영웅)라고 할 수 있습니다. 요즘 영화의 히어로와 어떻게 다르다고 생각하나요?

『나의 달타냥』

상처받은 아이와 떠돌이 개가 폭력에 맞서는 과정을 묵직하게 그린 동화

작　가: 김리리

그　림: 이승현

출판사: 창비

간　행: 2013년

쪽　수: 212쪽

대　상: 초등학교 5~6학년

　김리리 작가의 장편 동화 『나의 달타냥』은 상처를 가진 소년과 개의 깊은 우정과 치유의 과정을 감동적으로 그린 작품입니다. 알코올중독 아버지의 음주와 폭력으로 힘들어하는 소년 민호가 사육장에서 도망쳐 나온 떠돌이 개 달타냥을 만나면서 조금씩 아픔을 극복하고 폭력에 맞설 수 있는 용기를 발휘하기까지의 과정을 극적으로 묘사하여 독자를 끝까지 몰입하게 합니다.

　이 작품은 폭력의 피해자가 다시 가해자가 되는 폭력의 대물림을 보여주면서, 폭력의 고리를 끊기 위해서는 결국 미움을 버리고 새로운 선택을 해야 한다는 무거운 메시지를 아이들의 눈높이에 맞게 감동적으로

213

그려냅니다. 가정 폭력의 문제를 정면으로 다루면서 궁극적으로는 우정, 용기, 생명 존중의 가치를 일깨우는 작품입니다.

이 작품은 우리 창작 동화에서는 잘 보기 힘든 교차 서술 방식을 보여 줍니다. 즉 이야기가 민호와 달타냥, 두 주인공의 시선으로 번갈아 가며 서술됩니다. 독자는 같은 상황을 사람의 시점과 개의 시점으로 번갈아 경험하며 두 주인공의 감정과 상황을 보다 입체적으로 이해할 수 있습니다.

이야기는 소년의 시점으로 먼저 시작됩니다. 주인공 민호는 아버지의 폭력과 불안정한 엄마 사이에서 늘 위축되어 살아갑니다. 학교에서도 조용하고 내성적인 아이로 지내지만 마음속에는 두려움과 무력감이 자리하고 있습니다. 어느 날 친구 정만이가 거리에서 데려온 떠돌이 개가 민호의 집에 머물게 되고, 민호는 그 개를 '달타냥'이라고 부릅니다. 처음에는 달타냥이 낯설고 부담스러웠지만 둘은 함께 지내면서 서로의 상처를 알아가며 가까워집니다. 그리고 강아지 달타냥으로 인해 같은 반 정만이와도 친해지게 되고 민호의 일상에 서서히 변화가 생깁니다.

달타냥은 원래 사육장에서 길러지다 아버지가 도살장으로 끌려가는 것을 보고, 형과 함께 그곳을 탈출합니다. 그러나 얼마 못 가 형은 누군가에게 잡혀 끌려가고, 그 모습을 지켜볼 수밖에 없었던 달타냥은 스스로를 자책하고 슬퍼합니다. 홀로 거리를 떠돌던 달타냥은 다행히 민호와 만나면서 안정을 찾고 둘은 서로에게 위로를 얻고 용기를 주는 존재가 됩니다.

민호는 달타냥을 계속 키우고 싶지만 아빠가 무서워서 말을 못합니다. 그런데 어느 날 한밤중 집에 도둑이 드는데 달타냥의 용기 덕분에 도둑을 막을 수 있었습니다. 그 일을 계기로 달타냥을 계속 키울 수 있게 됩니다.

어느 날 술에 취한 아빠는 또다시 엄마에게 폭력을 휘두르고, 이불을 뒤집어쓰고 두려워하던 민호는 용기를 내어 아빠를 경찰에 신고합니다. 그 모습을 본 아빠는 민호에게 심한 폭력을 휘두릅니다. 끌려가던 형과 엄마를 지키지 못해 지금까지 자책하며 지내던 달타냥이 위기의 순간 더 이상 힘없이 사랑하는 이의 고통을 지켜보기만 하지 않으리라 다짐하며 민호를 지키기 위해 몸을 던집니다. 달타냥은 용기를 내어 민호를 지켜내지만 결국 아빠에게 맞아 죽게 됩니다. 달타냥의 죽음은 민호와 엄마에게 큰 슬픔을 남기지만, 동시에 민호에게 폭력에 맞설 수 있는 힘과 용기를 일깨워 줍니다.

그리고 민호는 아빠 또한 어린 시절 폭력의 피해자였다는 사실을 알게 되면서, 그런 아빠를 조금은 이해하게 되고 한편으로 아빠가 불쌍하다는 생각을 하게 됩니다. 그러나 자신은 아빠처럼 불쌍한 사람이 되지 않을 거라고, 그리고 절대로 불행을 운명처럼 받아들이지도 않을 거라고 다짐합니다.

『나의 달타냥』은 폭력의 피해자들이 그 폭력의 고리를 어떻게 끊어내야 하는지에 대한 질문을 던지며, 서로 상처를 감싸안는 우정과 연대를 통해 희망을 찾아가는 과정을 그린 작품이라고 할 수 있습니다. 작가는 용서나 화해를 강요하거나 성급하게 희망찬 미래를 제시하지 않고, 현실의 무게와 고통을 진솔하게 다루면서 독자들에게 깊이 생각할 거리를 던져줍니다.

이 작품은 소년과 개라는 두 주인공의 시선이 번갈아가며 서술되어 감정의 교감을 깊이 있게 전달하는 점이 인상적입니다. 또한, 어린이 눈높이에 맞춘 이야기 속에 가정 내 폭력, 용기, 상처, 우정과 같은 묵직한 주제를 전달하며 독자들에게 강한 울림을 줍니다.

책 읽어주는 교실

추천 이유

- 이 동화는 가정 폭력, 유기견 문제, 폭력의 대물림 등 다소 묵직하고 어두울 수 있는 주제를 다루지만, 작가는 이를 어린이의 눈높이에 맞춰 부담스럽지 않게 긴장감과 재미를 느낄 수 있도록 전개시키면서도 중요한 메시지를 전달합니다.

- 이 작품은 상처 입은 두 주인공이 말없이 깊은 교감을 나누고 서로의 상처를 감싸안으며 폭력과 상처를 극복하는 과정을 통해 '연대'의 힘과 치유 과정을 보여줍니다.

- 이야기는 소년 민호의 시점과 개 달타냥의 시점이 번갈아 가며 서술됩니다. 이러한 교차 서술 방식은 두 주인공의 감정에 완전히 이입하게 만들며 뭉클한 감동을 선사합니다.

함께 이야기 나눌 거리

1 이 이야기를 읽으며 어떤 생각이나 느낌이 들었나요?

2 어떤 장면이나 구절이 가장 인상 깊었나요? 그 장면 또는 구절이 인상 깊었던 이유는 무엇인가요?

3 이야기 내용 중에 이해하기 어려웠던 부분이 있었나요?

4 주인공 민호는 어떤 상황에 놓여 있나요?

5 달타냥과 태풍은 왜 사육장에서 달아나기로 결심했을까요?

6 달타냥과 태풍은 사육장에서 벗어난 이후 어떤 일을 겪게 되나요?

7 달타냥과 민호는 어떻게 만나게 되나요?

8 달타냥은 민호를 왜 '슬픈 눈'이라고 불렀나요?

9 달타냥의 형 태풍이 인간을 미워하게 된 이유는 무엇이라고 생각하나요?

10 작품에 등장하는 개 중에서 어떤 개가 민호와 닮았나요? 어떤 점이 닮았나요?

11 민호 아버지와 닮은 개는 어느 개인가요? 어떤 점에서 닮았나요?

12 민호는 아버지의 폭력을 막기 위해 어떻게 했나요? 민호가 그런 용기를 낼 수 있었던 것은 무엇 때문인가요?

13 민호는 마지막에 아버지를 조금은 이해하게 되었다고 했습니다. 민호는 무엇을 이해하게 된 것일까요?

14 민호가 아버지를 지켜보며 깨달은 것은 무엇인가요? 그리고 민호가 마지막에 어떤 결심을 하게 되나요?

15 이 작품의 내용과 관련해서 더 이야기 나누고 싶거나 궁금한 점이 있나요?

『마사코의 질문』

식민지 국민의 차별과 아픔을 가슴에 새기게 하는 동화

작　가: 손연자

그　림: 김재홍

출판사: 푸른책들

출　간: 1999년

쪽　수: 208쪽

대　상: 초등학교 5학년 ~ 중학생

　　손연자 작가의 단편 동화집 『마사코의 질문』은 우리 민족이 일제 강점기에 겪었던 고난과 수난의 역사를 생생하고 절실하게 담아낸 작품입니다. 어린이와 청소년 독자들이 역사의 진실을 바르게 인식하고, 과거의 아픈 상처를 성찰할 수 있도록 이끌어주는 역사 교육의 필독서로 손꼽힙니다.

　　이 동화집에는 일제가 우리 민족에게 자행했던 잔혹한 만행과 그 속에서 억압받았던 우리 겨레의 삶이 아홉 편의 단편에 응축되어 있습니다. 작가는 방대한 자료를 바탕으로 윤동주 시인이 겪었던 생체 실험, 관동대지진 당시의 조선인 학살, 그리고 씻을 수 없는 상처인 위안부 문

219

제 등 무거운 역사적 주제들을 어린이의 눈높이에 맞춰 감동적으로 그려냈습니다.

특히 수록작 중 일제의 우리말 말살 정책 속에서 우리말과 우리글의 소중함을 깨닫게 하는 이야기를 담은 「꽃잎으로 쓴 글자」와 사랑하는 아내를 위해 공들여 짠 장을 지키려다 순사에게 희생당한 조선인의 이야기를 담은 「방구 아저씨」는 작품성과 교육적 가치를 인정받아 초등학교 국어 교과서에 실리기도 했습니다.

이 책의 표제작인 「마사코의 질문」은 일본인 소녀 마사코의 입을 통해 일본의 가해 역사를 성찰하게 합니다. 마사코는 히로시마 평화 기념 공원에서 할머니에게 "왜 미국이 일본에 원자 폭탄을 떨어뜨린 건가요? 혹시 일본이 먼저 나쁜 짓을 해서 그런 건 아닌가요?"라고 묻습니다. 전쟁의 피해만을 강조하며 자신들의 죄를 회피하는 일본 사회의 분위기 속에서 마사코의 순수한 질문은 가해와 피해의 역사를 직시하고 진정한 반성을 촉구하는 묵직한 울림을 던집니다.

해방 직전에 태어나 일제 강점기를 경험한 이들의 증언을 듣고 자란 손연자 작가는 "부끄러운 역사도 우리 역사이며, 역사를 똑바로 알아야 부끄러움에서 벗어날 수 있다."고 말합니다. 『마사코의 질문』은 단지 과거의 아픔을 되새기는 것을 넘어, 우리 아이들이 역사의 진실을 잊지 않고 올바른 민족 정체성과 평화 의식을 확립하도록 돕는 중요한 길잡이가 되어줄 것입니다.

추천 이유

- 이 책은 관동대지진 학살, 생체 실험, 정신대 문제 등 일제 강점기에 우리 민족이 겪었던 가장 고통스러운 역사적 사건들을 회피하지 않고 정면으로 다룹니다. 어려운 소재임에도 불구하고 동화의 형식으로 생생하게 그려내어, 독자들이 과거의 비극을 감정적으로 공감하고 역사의 진실을 직시하는 용기를 가질 수 있게 합니다.

- 마사코의 '질문'은 일본 사회가 흔히 자신들을 '전쟁의 피해자'로만 규정하는 태도에 근본적인 의문을 제기합니다. 독자들은 이 구성을 통해 가해자와 피해자의 복잡한 관계를 입체적으로 이해하고, 역사적 책임과 반성의 중요성을 깊이 있게 성찰할 수 있습니다.

함께 이야기 나눌 거리

1 이 작품을 읽고 어떤 생각이나 느낌이 들었나요?

2 이 책에 실린 아홉 편의 이야기 중 어떤 이야기가 가장 인상 깊었나요? 그 이유는 무엇인가요?

3 표제작 「마사코의 질문」에서 이야기의 배경이 되는 일본의 도시는 어디인가요? 그리고 마사코가 할머니와 방문한 장소는 어디인가요?

4 마사코가 할머니에게 "왜 미국이 일본에 폭탄을 떨어뜨렸냐."고 묻게 된 계기(자신이 겪은 경험)는 무엇이었나요?

5 「마사코의 질문」을 읽고, 여러분은 일본인 소녀 마사코의 질문에 어떻게

답해 주고 싶었나요? 그 답을 통해 당신이 생각하는 전쟁의 근본적인 원인을 설명해 봅시다.

6　「마사코의 질문」에서 마사코의 할머니는 일본이 전쟁의 '피해자'라고 주장합니다. 진정한 의미에서 일본은 가해자인가요, 피해자인가요, 아니면 둘 다인가요? 그 이유는 무엇인가요?

7　「꽃잎으로 쓴 글자」에서 아이들이 우리말을 사용하지 못하게 하려고 소학교 교실에서 자행했던 잔인한 '놀이' 방식은 무엇이었나요?

8　「꽃잎으로 쓴 글자」에서 어머니가 꽃잎으로 글자를 쓴 이유는 무엇이었나요?

9　「방구 아저씨」에서 아저씨가 순사에게 맞아 죽은 이유는 무엇인가요? 이 장면에서 여러분은 어떤 생각을 했나요?

10　「남작의 아들」의 주인공 가즈오(조선인)는 어떤 이유로 같은 반 친구 진석이를 때리려 했나요?

11　「남작의 아들」에서 가즈오가 자신의 단짝 친구들에게 어떤 이야기를 듣고 충격을 받았나요?

12　「남작의 아들」에 등장하는 가즈오의 아버지는 조선인이면서도 일본에 충성했습니다. 이에 대해 어떻게 생각하나요?

13　이 동화집에 언급된, 윤동주 시인이 겪었던 것으로 알려진 일제의 비인간적인 행위는 무엇이었나요?

14　「꽃을 먹는 아이들」 등에서 언급된, 일제가 조선인들의 삶의 터전을 빼앗고 강제로 징용하거나 물자를 수탈했던 구체적인 사례는 무엇이 있었나요?

15 작품에 등장하는 정신대(위안부) 문제 등 여전히 해결되지 않은 과거사가 남아 있습니다. 미래 세대인 우리가 이러한 과거사를 해결하는 데 기여할 수 있는 역할은 무엇일까요?

16 만약 당신이 일제 강점기에 살았다면 우리말과 우리글을 지키기 위해 어떤 노력을 할 수 있었을까?

17 가장 마음을 아프게 하거나 분노하게 만든 단편 속 사건이나 인물은 누구였나요? 그때 느낀 감정을 구체적으로 이야기해 봅시다.

18 작품 속에서 가장 기억에 남는 용기 있는 행동이나 아름다운 장면을 꼽는다면 무엇인가요? 그 장면이 당신에게 어떤 울림을 주었는지 나눠주세요.

19 이 책의 작가 손연자는 "부끄러운 역사도 우리 역사이며, 역사를 똑바로 알아야 부끄러움에서 벗어날 수 있다."고 말했습니다. 이 말의 의미는 무엇일까요?

20 책의 내용과 관련해서 더 이야기 나누고 싶은 것이 있나요?

『너도 하늘말나리야』

상처 입은 아이들의 마음을 보듬어 주는 치유의 동화

작　가: 이금이
그　림: 해마
출판사: 밤티
출　간: 1999년
쪽　수: 228쪽
대　상: 초등 6학년~중학생

　　이금이 작가의 장편 동화『너도 하늘말나리야』는 1999년 출간된 이래 수십 년간 수많은 독자들의 마음을 어루만져 온 한국 아동·청소년 문학의 대표적인 성장소설입니다. 평화로운 듯 보이는 시골 마을 달밭마을에서 저마다의 이유로 가족의 부재와 상처를 안고 살아가던 세 아이가 만나 서로의 그늘을 밝혀주는 따뜻한 우정과 성장의 기록을 담고 있습니다.

　　이야기는 세 명의 주인공 미르, 소희, 바우의 시선으로 교차되며 전개됩니다. 미르는 부모님의 이혼으로 서울을 떠나 시골 진료소장인 엄마를 따라 달밭마을로 온 소녀입니다. 사랑했던 아빠를 잃고, 모든 것이

책 읽어주는 교실

엄마 탓이라고 여기며 마음의 문을 굳게 닫은 채 퉁명스럽게 행동합니다. 소희는 어린 시절 부모님을 잃고 홀로 병약한 할머니와 살고 있습니다. 이른 나이에 세상을 알아버린 듯 조숙하고 어른스럽지만, 사실은 남들에게 자신의 아픔을 들키고 싶지 않아 언제나 자신을 절제하는 아이입니다. 바우는 엄마를 병으로 잃은 충격으로 말을 하지 못하는(선택적함구증) 소년입니다. 아빠와 함께 살아가지만, 마음속 깊은 슬픔을 그림으로만 표현합니다. 겉보기에는 전혀 다른 성격과 배경을 가진 세 아이지만, 이들은 모두 '가족의 부재'라는 깊은 상실감과 '혼자만의 얼굴'을 가진 채 외롭게 버티고 있다는 공통점을 지닙니다.

달밭마을의 상징인 500년 된 느티나무 아래에서 세 아이는 우연과 필연 속에서 얽히기 시작합니다. 미르의 제멋대로인 감정 표현, 소희의 조심스럽고도 단단한 배려, 바우의 침묵 속 외침은 서로에게 영향을 미치며 닫혔던 마음을 조금씩 열게 합니다. 특히, '하늘을 향해 피어나는 꽃'이라는 뜻을 가진 하늘말나리는 작가가 전하는 핵심 메시지를 담고 있습니다. 세상의 편견과 불완전한 현실에 굴복하지 않고, 스스로를 사랑하며 자기 주도적인 삶을 살아가겠다는 의지이자, 독자들에게 "너도 충분히 그렇게 할 수 있다."는 따뜻한 격려입니다.

『너도 하늘말나리야』는 단순히 성장통을 다루는 것을 넘어, '진정한 가족의 의미'와 '상처의 극복'에 대해 깊이 있는 질문을 던집니다. 세 아이가 서로의 아픔을 공감하고 진정한 우정을 나누는 과정을 통해 독자들

225

은 세상에 나만 힘든 것이 아니며, 상처를 딛고 일어서는 것이 결국 자신의 삶을 긍정하는 힘이 됨을 깨닫게 됩니다. 20년이 넘는 세월 동안 꾸준히 사랑받으며 여러 번 개정된 이 작품은, 오늘날 복잡하고 다양한 형태의 가족을 이루며 살아가는 현대인들에게도 여전히 깊은 위로와 성숙의 기회를 제공하고 있습니다.

추천 이유

- 저마다 깊은 상처를 안고 있는 세 아이가 서로의 아픔을 공감하고 용기를 북돋아 주면서 스스로 상처를 극복하는 과정을 지켜보며, 불완전하고 상처 입은 존재라도 세상에 당당히 설 수 있는 자기 긍정과 자존감 회복의 힘을 얻게 됩니다.

- 다양한 가족 형태와 진정한 관계의 의미를 성찰하게 됩니다. 이 작품은 소위 '정상 가족'이라는 전통적인 틀에서 벗어난 한부모 가정, 조손 가정의 모습을 현실적으로 보여줍니다. 이를 통해 독자들은 가족의 형태가 아닌, 그 안에서 형성되는 진정한 사랑, 이해, 유대감이 얼마나 중요한지 깨닫게 됩니다.

1 이 소설의 주된 배경이 되는 마을 이름은 무엇인가요? 그리고 이 마을의 상징적인 존재는 무엇인가요?

2 주인공 미르가 달밭마을로 이사 오게 된 가장 큰 이유는 무엇이며, 미르는 이 상황을 누구의 탓으로 돌리며 불만을 가졌나요?

3 소희는 달밭마을에서 누구와 함께 살고 있으며, 소희의 부모님은 어떤 상황인가요?

4 바우는 누구와 함께 살고 있으며, 바우가 말을 하지 않게 된(선택적 함구증을 앓게 된) 배경은 무엇인가요?

5 소설 초반, 미르는 엄마가 시골 진료소에서 일하는 것을 어떻게 여겼으며, 엄마에 대해 어떤 감정을 가지고 있었나요?

6 소희는 왜 '혼자만의 얼굴'을 가진 사람이 가져야 하는 '아주 작은 예의'에 대해 생각했나요?

7 미르, 소희, 바우 세 아이가 우정을 쌓는 과정에서 느티나무 아래에서 겪게 되는 중요한 사건은 무엇이었나요?

8 소희가 자신의 일기장을 두 종류(숙제용 일기와 개인 일기)로 나누어 쓴 이유는 무엇인가요?

9 소설 후반부에 소희의 할머니에게 어떤 안타까운 일이 발생하며, 이 사건은 소희에게 어떤 변화를 가져왔나요?

10 소설 제목이자 소희를 상징하는 꽃인 '하늘말나리'가 뜻하는 바는 무엇인

가요? 이 꽃의 특징이 소희의 어떤 모습과 연결되나요?

11 소설의 마지막 부분에서 소희는 달밭마을을 떠나면서 두 친구에게 어떤 말을 외쳤나요?

12 미르는 결국 아빠의 재혼 소식을 접한 뒤, 엄마와의 관계나 자신의 상황에 대해 어떤 마음가짐의 변화를 겪게 되나요?

13 세 주인공 중 가장 마음이 가거나 공감이 되었던 인물은 누구였나요? 그 인물의 어떤 점이 마음을 움직였는지 이야기해 봅시다.

14 소희는 자신의 속마음을 일기장에 솔직하게 털어놓았습니다. 당신에게도 소희의 일기장처럼 아무에게도 말 못 할 감정을 풀어내는 '혼자만의 공간이나 방법'이 있나요?

15 작품 속 500년 된 느티나무는 아이들에게 어떤 의미를 가졌을까요? 당신에게도 힘들 때 찾아가 위로받거나 의지할 수 있는 '나만의 느티나무' 같은 존재(장소, 사람, 물건 등)가 있나요?

16 이 작품은 다양한 형태의 가족을 보여줍니다. 이 책에서 전하고자 하는 '진정한 가족'이란 어떤 가족을 의미할까요?

17 미르, 소희, 바우는 서로의 상처를 보고도 외면하지 않았기 때문에 친구가 될 수 있었습니다. 친구의 아픔을 알면서도 모른 척해야 할 때와 손을 내밀어야 할 때의 경계는 어디라고 생각하나요?

18 이 책은 여러분의 생각이나 마음에 어떤 영향을 주었나요? 책을 읽기 전과 후, 가족이나 친구 관계를 바라보는 시각에 변화가 생겼거나 깊이 생각해 보게 된 점이 있나요?

『헨쇼 선생님께』

작가와 소년이 편지로 엮어낸 특별하고 감동적인 성장 드라마

작　가: 비벌리 클리어리

그　림: 이승민

번　역: 선우미정

출판사: 보림

출　간: 2005년 (미국 1983년)

쪽　수: 약 152쪽

대　상: 초등 5학년 ~ 중학생

　미국의 아동문학 작가 비벌리 클리어리의 뉴베리상 수상작『헨쇼 선생님께(Dear Mr. Henshaw)』는 부모의 이혼과 새로운 환경 속에서 힘들어하는 한 소년이 글쓰기를 통해 자신의 감정을 정리하며 혼란스러운 삶 속에서 자신을 찾아가는 과정을 따뜻하게 그려낸 성장소설입니다.

　이 책은 일반적인 동화의 형식과 달리 주인공 리 보츠(Leigh Botts)가 자신이 좋아하는 작가인 보이드 헨쇼에게 보내는 편지와 이후 헨쇼 선생님의 조언으로 쓰기 시작하는 일기로 전체가 구성되어 있습니다. 독자는 이 편지와 일기를 통해 리의 삶과 감정의 변화를 마치 곁에서 지켜보듯 생생하게 경험하게 됩니다.『헨쇼 선생님께』는 한 소년의 내면을

따라가며 깊은 공감을 불러일으키는 특별한 이야기로, 성장의 한가운데 있는 아이들에게, 혹은 아이의 마음을 이해하고 싶은 어른들에게도 꼭 권하고 싶은 작품입니다.

리 보츠(Leigh Botts)라는 아이가 어린 시절 재미있게 읽었던 책의 작가 헨쇼 선생님(Boyd Henshaw)에게 편지를 쓰기 시작하면서 이야기가 전개됩니다. 처음에는 숙제 때문에 어쩔 수 없이 쓰기 시작한 편지였지만, 헨쇼 선생님이 자신의 생각을 솔직하게 써보라고 격려하면서, 리는 점차 진심을 담아 자신의 이야기를 편지와 일기로 써내려 갑니다.

리의 가정은 안정적이지 않습니다. 트럭 운전사인 아버지와 어머니는 이혼했고, 리는 어머니와 함께 캘리포니아의 퍼시피코라는 작은 마을에서 살아갑니다. 그는 여전히 아버지를 그리워하지만, 아버지가 연락도 잘 하지 않고 약속도 자주 어기는 데 실망하기도 합니다. 특히 자신이 무척 아끼던 반려견 '방울(Bandit)'을 아버지가 데리고 간 것에 대해 씁쓸한 감정을 가지고 있습니다.

새로운 학교생활도 쉽지 않습니다. 도시락을 자꾸 도둑맞는 일이 반복되고, 친구도 거의 없어 외로움을 느낍니다. 낯선 환경 속에서 리는 점점 더 외부와 단절된 기분을 느끼게 됩니다. 하지만 헨쇼 선생님의 편지를 계기로, 리는 자신만의 일기장을 마련해 마치 헨쇼 선생님에게 이야기하듯 매일매일 글을 쓰기 시작합니다. 그 일기에는 아버지에 대한 복잡한 감정, 엄마와의 생활, 학교에서 겪은 일, 작가가 되고 싶은 꿈까지 다양한 이야기가 담겨 있습니다.

글쓰기를 통해 리는 스스로를 조금씩 이해하게 되고, 자신의 감정을 정리하며 치유해 나갑니다. 그는 학교에서 열리는 젊은 작가 대회에 참가해, 처음에는 일기 내용을 그대로 제출하려다가 결국 자신만의 이야기를 새롭게 써서 응모합니다. 비록 1등은 하지 못했지만, 우수상(honorable mention)을 받으며 큰 성취감을 느끼고, 자신에게도 무언가 해낼 수 있는 힘이 있다는 걸 깨닫게 됩니다.

이 과정을 통해 리는 자신이 처한 상황을 조금씩 받아들이게 되고, 완벽하지 않지만 여전히 자신을 사랑하는 부모를 이해하게 됩니다. 또한 글쓰기를 통해 자신을 표현하는 법을 배우고, 앞으로 작가가 되고 싶다는 꿈을 키워 나갑니다.

『헨쇼 선생님께』는 평범한 한 소년이 글쓰기를 통해 자신의 고통스러운 감정을 해소하고, 복잡한 현실을 수용하며, 마침내 한 명의 독립된 주체로 성장하는 과정을 섬세하고 현실감 있게 그려낸 수작입니다. 독자들은 글쓰기를 통한 자기 이해와 치유의 과정을 지켜보며 글쓰기의 가치와 힘을 깨닫게 됩니다. 특히 편지와 일기 형식을 통해 아이의 진심이 그대로 전달되며, 독자들은 마치 리의 친구가 되어 그의 이야기를 함께 듣는 듯한 경험을 하게 됩니다.

이 책은 1983년에 미국에서 출간된 이후, 그 문학적 가치를 인정받아 1984년 뉴베리 메달(Newbery Medal)을 수상했습니다. 지금도 전 세계 어린이들에게 꾸준히 사랑받으며, 부모의 이혼을 겪는 아이들뿐만 아니라, 외로움 속에서 자신을 찾아가는 모든 독자에게 따뜻한 위로와 공감을 선사할 것입니다.

추천 이유

- 리 보츠는 헨쇼 선생님에게 편지를 쓰고, 이후 일기를 쓰면서 자신을 돌아보고 감정을 정리하게 됩니다. 이처럼 글을 쓰는 행위가 단순한 기록을 넘어 자기 이해와 성찰, 치유의 과정으로 이어지는 것을 지켜보며 글쓰기의 치유적 힘을 깨닫게 됩니다.

- 부모의 이혼, 낯선 환경에의 적응, 가족과의 단절과 외로움 등 현실적인 고민을 안고 살아가는 아이들에게 깊은 공감과 위로를 건네줍니다.

- 주인공 리의 솔직한 고백을 따라가다 보면, 자연스럽게 타인의 감정을 이해하고 공감하는 마음을 키우게 됩니다. 그리고 자신의 감정을 인식하고 표현하는 방법을 자연스럽게 배울 수 있어 감정 표현이 서툰 아이들에게 특히 추천할 수 있는 책입니다.

함께 이야기 나눌 거리

1 이 이야기를 읽으며 어떤 생각이나 느낌이 들었나요?

2 어떤 장면이나 구절이 특히 인상 깊었나요?

3 이야기를 읽으면 이해하기 어려운 부분이 있었나요?

4 리 보츠는 왜 헨쇼 선생님에게 계속 편지를 썼을까요?

5 리 보츠는 아버지에 대해 어떤 감정을 가지고 있었나요?

6 리의 엄마는 어떤 사람이라고 생각하나요?

7 이 책을 읽고 자신도 일기나 편지를 써보고 싶다는 마음이 들었나요? 그 이유는 무엇인가요?

8 리 보츠는 왜 '젊은 작가 대회'에 참가했을까요?

9 여러분도 도전해 보고 싶은 대회나 분야가 있나요? 왜 도전해 보고 싶나요?

10 리 보츠는 글쓰기를 통해 어떤 변화를 겪었나요?

11 내가 만약 리처럼 편지나 일기를 쓴다면 어떤 이야기를 쓰고 싶나요?

12 일반적인 동화의 전개 방식과 달리 편지와 일기 형식으로 이야기가 전개된 점이 어땠나요? 더 몰입되거나 특별하게 느껴졌던 점이 있었나요?

13 이 책은 우리에게 어떤 메시지를 전하고 있다고 생각하나요?

14 이 책을 통해 깨달은 점이 있나요?

15 이 책의 내용과 관련해서 더 이야기하고 싶은 것이 있나요?

『까보 까보슈』

사람과 동물의 동등한 관계의 가능성에 대해 질문을 던지는 동화

작 가: 다니엘 페나크
그 림: 마일스 하이먼
번 역: 윤정임
출판사: 문학과지성사
출 간: 1999년 (프랑스 1982년)
쪽 수: 약 240쪽
대 상: 초등 5학년 이상

다니엘 페나크의『까보 까보슈(Cabot-Caboche)』는 개와 인간의 관계에 대한 통념을 유쾌하고도 감동적으로 뒤집는 프랑스 아동문학의 걸작입니다. 이 작품은 길거리에서 버려진 채 위험하고 험한 삶을 살던 한 유기견, 즉 '개'의 시점에서 이야기가 전개됩니다. 개의 눈으로 본 인간 세상의 모순과 복잡함, 그리고 사람들의 '종잡을 수 없는' 행동을 유머러스하면서도 통찰력 있게 그려냅니다. 1982년 출간된 이래 전 세계 독자들의 사랑을 받아온 이 작품은, 우리에게 익숙한 '주인과 반려견'이라는 관계를 넘어선 진정한 우정의 의미를 되새기게 합니다.

이 소설의 주인공은 이름 없는 '개'입니다. 태어났을 때 못생겼다는 이

책 읽어주는 교실

유로 주인에게 버려져 물에 빠질 뻔하지만, 겨우 목숨을 건져 쓰레기 매립장에 도착하면서 그의 험난한 여정은 시작됩니다.

'개'가 정착한 곳은 니스 근처의 거대한 쓰레기 매립장이었습니다. 그곳에서 그는 현명하고 다정한 친구인 시컴댕이(Gueule-Noir)를 만납니다. 시컴댕이는 '개'에게 쓰레기장에서 살아남는 법, 즉 냄새를 맡아 위험을 피하는 법과 인간 사회의 규칙을 가르쳐주는 정신적인 스승이 됩니다. 그러나 쓰레기 매립장은 위험한 곳이었고, 불의의 사고로 시컴댕이가 목숨을 잃자 '개'는 큰 충격과 슬픔에 빠집니다. 그는 시컴댕이의 가르침을 따라 생존을 위해 도시로 향할 결심을 합니다.

도시로 온 '개'는 여러 사람들에게 입양되려 하지만 번번이 실패하거나 다시 버려집니다. 인간들이 자신을 '소유물'로 대하려 한다는 것을 깨달은 그는 실망하고 좌절합니다. 결국 '개'는 떠돌이 생활 끝에 유기견 포획반에 잡혀 시립 견사(fourrière)에 갇히게 됩니다. 그곳에서 그는 공포스러운 '검은 트럭'의 존재, 즉 안락사나 도살장으로 보내지는 개의 운명을 목격하며 극심한 불안에 시달립니다.

견사에서 며칠을 보내던 '개'에게 한 가족이 찾아옵니다. 바로 까다롭고 고집이 센 소녀 사과(Pomme)와 그녀의 부모였습니다. 사과는 다른 잘생긴 개들을 마다하고 유난히 못생기고 더러운 '개'를 고집스럽게 선택합니다. '개'는 처음에는 그들을 따라가고 싶지 않았지만, 이 소녀에게서 나는 신선한 사과 냄새에 이끌려 그녀의 품에 안겨 견사를 벗어납니다.

235

바캉스를 즐겁게 보낸 후, 사과네 가족은 파리 도심의 좁은 아파트로 돌아옵니다. '개'의 삶은 여기서부터 비극으로 변합니다. 좁은 공간에서 개의 본능적인 행동은 가족들에게 방해가 되었고, 사과마저 그의 존재를 귀찮아하기 시작합니다. 산책은 점점 짧아지고, 가족들은 '개'를 대하는 태도가 차가워집니다. 특히 사과의 부모는 '개'를 내보내려 압력을 가합니다. 다시 버려질 운명을 직감한 '개'는 절망 끝에 아파트 창문을 통해 탈출을 감행하고, 홀로 광활하고 위험한 파리 시내를 방황하게 됩니다.

파리에서 방황하며 외로움에 울부짖던 '개'는 하이에누라는 또 다른 떠돌이 개를 만납니다. 하이에누는 그를 따뜻하게 맞아주고, 인간 세상에서 살아가는 법과 '주인'을 단순히 따르는 것이 아니라 '친구'로 만드는 법을 가르칩니다.

한편, '개'를 잃어버린 사과는 깊은 후회와 죄책감에 빠져 '개'를 찾아다닙니다. 마침내 사과는 길거리에서 비를 맞고 있는 '개'를 발견합니다. 소녀는 자신의 잘못을 진심으로 사과하며 다시는 그를 버리지 않겠다고 약속합니다. 이 재회는 단순한 화해가 아닌, 관계의 근본적인 전환점이 됩니다. 사과는 '개'를 소유물이 아닌 친구로 인정하고, '개'는 소녀의 진심을 받아들입니다.

이 책의 작가 다니엘 페나크는 시종일관 유머와 익살을 잃지 않으면서도, "길들이지도 말고 길들여지지도 말자."는 강력한 메시지를 전달합니다. 『까보 까보슈』는 모든 생명체에 대한 존중과 책임감을 일깨우며,

책 읽어주는 교실

개와 인간이 수직적인 관계가 아닌 수평적인 동반자로서 공존할 수 있다는 따뜻한 희망을 제시합니다. 이 책을 통해 우리는 인간 중심의 사고에서 벗어나, 동물의 눈으로 세상을 바라보는 소중한 경험을 하게 될 것입니다.

추천 이유

- 까보슈의 이야기는 감정선이 섬세하고, 전개가 긴장감 있게 구성되어 있어 독자들이 쉽게 몰입하게 됩니다. 어린이와 청소년뿐만 아니라 어른들에게도 울림을 줄 수 있는 감동적인 성장 이야기입니다.

- 이 작품은 강아지 까보슈의 시점으로 이야기가 전개되기 때문에, 사람들의 행동이 동물에게 어떤 영향을 주는지 색다르게 느낄 수 있습니다. 인간 중심적인 생각에서 벗어나 타자의 입장에서 생각해 보는 기회를 주며, 특히 공감 능력과 감정이입 능력을 키우는 데 도움이 됩니다.

- 책은 단순한 감동 이야기 그 이상으로, 주인공이 겪는 유기 동물 문제를 접하며 자연스럽게 동물 보호, 생명에 대한 책임감, 반려동물에 대한 올바른 태도를 고민하게 해줍니다.

1   이 책을 읽으며 어떤 생각이나 느낌이 들었나요?

2   어떤 장면이나 구절이 가장 인상적이었나요? 왜 그 장면이 인상 깊었나요?

3   까보슈는 어떤 개였나요? (품종, 성격, 외모 등)

4   까보슈가 인간을 싫어하게 된 이유는 무엇이었나요?

5   까보슈는 어떻게 거리를 떠돌게 되었나요?

6   길거리에서 까보슈가 만난 위협이나 어려움은 어떤 것들이 있었나요?

7   사람들은 거리의 까보슈를 어떻게 대했나요?

8   까보슈는 왜 보호소에 가게 되었나요?

9   까보슈가 가장 힘들었을 때는 언제였다고 생각하나요? 왜 그렇게 생각하나요?

10   까보슈는 사과를 처음 어떻게 만났나요?

11   까보슈는 처음에 사과를 어떻게 생각했나요?

12   사과와 함께 지내며 까보슈는 어떤 점에서 불편했나요?

13   까보슈가 사과에게 마음을 열기 시작한 계기는 무엇이었나요?

14   사과와 까보슈의 관계는 어떻게 마무리되었나요?

15   까보슈가 인간을 다시 믿게 된 것은 무엇 때문이라고 생각하나요?

16 작가는 왜 강아지의 시점에서 이야기를 풀어갔다고 생각하나요? 그 방식에 대해 어떻게 생각하나요?

17 이 작품은 우리에게 어떤 메시지를 전하고 있다고 생각하나요?

18 이 책의 이야기를 영화나 애니메이션으로 만든다면 어떤 장면을 가장 강조하고 싶나요? 그 이유는 무엇인가요?

『마당을 나온 암탉』

자유와 꿈을 위해 세상으로 나아간 암탉의 험난한 여정

작　가: 황선미
그　림: 김환영
출판사: 사계절
출　간: 2000년
쪽　수: 200쪽
대　상: 초등 5~6학년

　황선미 작가의 대표작 『마당을 나온 암탉』은 주어진 운명에 안주하지 않고 자신만의 삶을 찾으려는 암탉 '잎싹'이 양계장을 탈출하여 야생에서 겪는 모험과 위기, 정체성을 찾아가는 과정을 흥미진진하게 그리고 있는 작품입니다. 자기 삶을 스스로 선택하고 용기 있게 살아가는 암탉의 이야기가 커다란 재미와 감동을 선사합니다.

　주인공 잎싹은 청둥오리 '나그네'의 오리알을 품어 청둥오리 '초록머리'를 키우지만, 결국 초록머리가 자유를 찾아 떠난 뒤, 족제비의 새끼들에게 자신의 몸을 내어주며 생명의 가치와 헌신, 자유의 의미를 보여줍니다. 이 작품은 자유, 모성애, 정체성, 진정한 행복 등 깊이 있는 주제를 다루며, 2002년 출간 이후 창작 동화 최초의 밀리언셀러가 되었고, 애니메이션 등 다양한 매체로 재탄생하며 큰 사랑을 받았습니다.

암탉 '잎싹'은 매일같이 좁은 닭장에서 알을 낳고, 그 알을 인간이 가져가는 단조롭고 반복적인 삶을 살고 있었습니다. 다른 닭들은 그저 주어진 삶에 순응하며 살았지만, 잎싹은 달랐습니다. 그녀는 "내가 낳은 알에서 병아리가 태어나는 모습을 직접 보고 싶다."는 간절한 꿈을 품고 있었고, 그 꿈을 이루기 위해 언젠가 마당을 나가 자유롭게 살고 싶다고 생각합니다.

잎싹이 더 이상 알을 낳지 못하자 주인은 구덩이에 버리고 잎싹은 죽음의 위기를 맞습니다. 다행히 청둥오리 '나그네'의 도움으로 위기를 넘기고, 마침내 닭장을 벗어나 자유를 얻게 됩니다. 그러나 바깥세상은 냉혹한 자연의 세계였고, 특히 족제비의 위협을 받으며 언제 당할지 모르는 두려운 나날을 보냅니다.

그러던 어느 날, 잎싹은 족제비에게 공격당한 흰 오리의 둥지에서 외롭게 남은 알 하나를 발견합니다. 잎싹은 그 알을 품어 따뜻하게 지켜주기로 결심하고, 며칠 후 그 알에서 귀여운 오리 새끼가 태어납니다. 잎싹은 그 오리 새끼에게 '초록머리'라는 이름을 지어주고 친자식처럼 정성껏 키웁니다. 사실 그 알은 잎싹을 도와주었던 청둥오리 '나그네'와 흰 오리 사이에 태어난 알입니다. 흰 오리가 족제비에게 당한 후, 나그네는 잎싹이 무사히 알을 품을 수 있도록 족제비의 위협에 맞서다 결국은 나그네도 당하게 됩니다.

잎싹은 족제비의 계속되는 위협을 피하며 초록머리를 무사히 지켜냅니다. 하지만 시간이 흐르자 초록머리는 자신이 닭이 아니라 오리라는 사실을 깨닫게 됩니다. 그는 점점 물가로 나아가 다른 청둥오리들과 어울리고 싶어 했지만, 잎싹은 그를 잃을까 두려워합니다. 결국 잎싹은 진정한 어머니의 마음으로 초록머리를 떠나보내기로 결심합니다.

그러던 중, 잎싹은 초록머리를 노리는 족제비와 마주하게 됩니다. 더 이상 피할 수 없음을 직감한 잎싹은 용감하게 싸우며 자신의 몸을 희생해 초록머리를 지켜냅니다. 결국 잎싹은 생을 마감하지만, 그녀의 마음속에는 '자유롭게 날아가는 초록머리'를 보는 뿌듯함과 평화가 남아 있었습니다.

이 작품은 주어진 운명에 안주하지 않고 자신의 꿈을 향해 나아가는 의지, 스스로 키워가는 자유와 사랑, 그리고 그에 대한 책임과 용기를 깊이 있게 풀어낸 작품입니다. 닭장의 울타리를 벗어나 자신의 삶을 스스로 선택한 잎싹의 여정을 통해, 자유의 소중함과 진정한 어머니 사랑의 의미를 감동적으로 그려내고 있어 어린이들뿐만 아니라 어른 독자들에게도 삶의 의미와 가치를 되돌아보게 하며 깊은 울림을 줍니다.

- 주인공 잎싹은 닭장 속의 안전한 삶을 버리고 자유를 선택합니다. 그 과정에서 겪는 어려움과 이를 극복하는 과정을 통해, 진정한 자유란 스스로 선택하고 책임지는 삶이라는 메시지를 깨닫게 해줍니다.

- 잎싹이 족제비의 위협 속에서 오리 새끼 초록머리를 끝까지 지켜내고, 결국은 그를 더 큰 세상으로 떠나보내며 자신을 희생하는 모습은 진정한 어머니의 사랑을 느끼게 하며 읽는 이로 하여금 깊은 감동을 줍니다.

- 잎싹의 생애는 짧지만, 그 안에는 생명에 대한 존중과 자신의 존재를 스스로 완성해 가는 과정이 담겨 있습니다. 이를 통해 독자들은 자연스럽게 생명의 존엄성과 삶의 의미를 생각하게 합니다.

함께 이야기 나눌 거리

1 이 이야기를 읽으며 어떤 생각이나 느낌이 들었나요?

2 어떤 장면이나 구절이 가정 인상적이었나요?

3 잎싹이 처음 품었던 가장 간절한 소망은 무엇이었나요?

4 잎싹은 왜 마당을 나오고 싶어 했을까요?

5 잎싹이 닭장을 나와 마당에 처음 도착했을 때, 가장 먼저 직면한 위험은 무엇이었나요?

6 잎싹이 초록이를 데리고 마당에서 벗어나 정착한 새로운 공간은 어디였

나요?

7 초록머리는 원래 누구의 아이였나요? 어떻게 하여 잎싹의 아이가 되었나요?

8 청둥오리 '나그네'가 잎싹에게 자신의 알 하나를 맡긴 이유는 무엇이었나요?

9 청둥오리를 자신의 알을 지키기 위해 어떻게 했나요?

10 잎싹이 닭장을 벗어나 야생에서 겪은 일 중 가장 힘든 일은 무엇이었을까요?

11 초록머리가 잎싹의 극진한 보살핌을 받았지만, 결국 자신의 무리로 돌아가야 했습니다. 잎싹은 자신이 아끼고 소중히 여기는 초록머리를 왜 떠나보냈을까요?

12 초록머리가 무리를 따라 떠날 때 잎싹은 어떤 심정이었을까요?

13 잎싹과 초록머리는 서로에게 어떤 존재였을까요?

14 여러분은 닭장처럼 안전하지만 지루한 삶과 자유롭지만 어려움이 따르는 삶 중 어떤 삶을 선택하고 싶나요? 그 이유는 무엇인가요?

15 잎싹의 이야기를 통해 작가가 전하고자 한 메시지는 무엇이라고 생각하나요?

『푸른 사자 와니니』

무리에서 쫓겨난 어린 사자의 모험과 생존을 흥미진진하게 그린 동화

작　가: 이현
그　림: 오운화
출판사: 창비
출　간: 2015년
쪽　수: 약 216쪽
대　상: 초등 4~6학년

　이현 작가의 장편 동화『푸른 사자 와니니』1편은 아프리카 초원, 세렝게티를 배경으로 약하고 쓸모없다는 이유로 무리에서 쫓겨난 어린 암사자 와니니가 광활한 아프리카 초원을 홀로 헤쳐 나가며 진정한 자아를 찾고 새로운 무리를 이루는 과정을 그린 성장 모험담입니다. 이 책은 단순한 모험 동화를 넘어, 현대 사회를 살아가는 어린이와 청소년에게 꼭 필요한 용기, 공존, 그리고 연대의 가치를 심어주는 명작으로 손꼽힙니다.

　이야기의 주인공 와니니는 초원에서 용맹함으로 이름을 떨치는 마디바 무리에 속한 어린 암사자입니다. 그러나 와니니는 다른 사자들에 비해 몸집이 작고 마른 편이며, 싸움 실력이 뛰어나지 못하고 사냥 기술

245

도 서투릅니다. 오히려 육식 동물인 사자답지 않게 감성적이고 말주변이 좋았죠. 무리의 우두머리이자 냉철한 통솔력을 가진 할머니 마디바는 이런 와니니를 '쓸모없는 아이'라며 미워하고 무시했습니다. 마디바에게는 강한 자만이 무리의 생존에 기여한다는 냉혹한 원칙이 있었습니다. 와니니는 언니 사자인 말라이카를 따르며 의지하지만, 무리 내에서 자신이 쓸모없는 존재라는 생각 때문에 자존감이 낮습니다.

그러던 어느 날, 와니니는 불의의 사고로 아끼던 자매 말라이카를 위험에 빠뜨리는 큰 실수를 저지릅니다. 이 사고를 계기로 마디바는 더 이상 와니니를 용납하지 못하고 무리에서 매몰차게 쫓아냅니다. 태어나서부터 무리 속에서 보호받으며 살아온 어린 와니니는 이제 홀로 초원을 떠도는 신세가 됩니다. 사냥 기술이 없던 와니니는 굶주림에 시달리고, 풀이나 나무뿌리를 씹으며 하루하루를 힘겹게 버텨 나갑니다.

떠돌이 생활을 하던 중, 와니니는 자신과 마찬가지로 무리에서 인정받지 못하고 떠돌이 신세가 된 두 수사자 아산테와 잠보를 만나게 됩니다. 처음에는 와니니가 이 수사자들을 자신이 무리를 떠나게 된 원인인 '말라이카를 다치게 한 범인'이라고 오해하기도 했지만, 곧 오해가 풀리고 서로를 이해하며 가까워집니다. 그들은 함께 위험을 극복하고 초원을 헤쳐 나가면서 점차 우정을 쌓아갑니다. 와니니와 아산테, 잠보는 힘이 아닌 서로의 부족함을 채워주는 지혜와 공감을 바탕으로 새로운 생존 방식을 터득합니다. 이 과정에서 와니니는 마디바가 믿었던 '힘의 법

책 읽어주는 교실

칙'만이 전부가 아니며, 자신이 하찮게 여겼던 것들조차 삶에 필요하다는 소중한 깨달음을 얻게 됩니다.

마침내 와니니는 죽은 줄 알았던 언니 말라이카와 기적적으로 재회합니다. 말라이카는 와니니를 다시 만나 함께 초원을 살아가기로 약속합니다. 그리고 용기와 지혜, 그리고 포용력을 기반으로 하는 자신만의 새로운 무리를 결성합니다. 와니니는 자신을 쫓아냈던 마디바 무리의 '강자만이 살아남는다'는 냉혹한 법칙과 반대로, '서로 도우며 함께 산다'는 자신만의 새로운 법칙으로 무리를 이끌어나갈 결의를 다지면서 1편의 이야기는 마무리됩니다. (이후 시리즈에서는 이 새로운 무리가 초원에서 자신들의 영토를 차지하고 와니니가 진정한 리더로 성장해 나가는 모험이 이어집니다.)

『푸른 사자 와니니』는 출간 이후 한국 아동문학의 새로운 지평을 넓혔다는 평가를 받으며, 지금까지 누적 판매 100만 부를 넘어섰습니다. 이 작품이 수많은 독자에게 사랑받는 이유는 초원의 냉혹한 현실을 배경으로 인간적인 메시지를 전달하기 때문입니다.

이 작품은 전형적인 약자의 성장 서사를 담고 있습니다. 주인공 와니니는 몸집이 작고 사냥이 서툴러 무리에서 '쓸모없다'고 배척당하지만, 강한 힘 대신 지혜, 공감 능력, 뛰어난 관찰력을 자신의 무기로 삼는 법을 배웁니다. 이 과정은 독자들에게 자신의 부족함이나 약점조차도 특별한 강점이 될 수 있음을 보여줍니다.

또한 이 작품은 새로운 리더십과 연대의 모습을 보여줍니다. 와니니는 힘과 폭력으로 무리를 이끄는 기존의 방식(마디바의 방식)을 거부하고, 대신 자신처럼 소외된 떠돌이 사자들을 모아 '서로 도우며 함께 산다'는 새로운 법칙을 만듭니다. 이 무리는 힘이 아닌 신뢰와 포용을 기반으로 하며, 독자들에게 진정한 리더십은 강압이 아닌 존중과 공존에서 나온다는 깊은 울림을 선사합니다.

추천 이유

- 아프리카 세렝게티 초원이라는 이국적인 배경과 동물들의 생생한 삶이 흥미진진한 모험담으로 펼쳐져, 책 읽기에 익숙하지 않은 독자들도 쉽게 몰입할 수 있습니다.

- 약하고 부족하다는 이유로 무시당하던 와니니가 자신만의 강점을 이용하여 생존 방법을 터득하고 새로운 무리의 리더로 성장하는 과정은 독자들에게 자신의 부족함이나 약점이라고 생각했던 부분이 오히려 세상을 살아가는 특별한 강점이 될 수 있음을 깨닫게 하며, 자존감을 키우는 계기를 제공합니다.

- 주인공 와니니는 사회적으로 약하거나 소외된 존재들을 포용하여 새로운 무리를 이룹니다. 와니니의 무리는 힘이 아닌 상호 신뢰와 협력을 통해 생존하며, 이는 독자들에게 진정한 리더십은 독재가 아닌 연대와 공존에서 비롯된다는 중요한 사회적 가치를 가르쳐줍니다.

함께 이야기 나눌 거리

1   책을 읽으면서 가장 인상 깊었던 장면(또는 문장)은 무엇이었나요? 그 이유는 무엇인가요?

2   와니니는 왜 무리에서 쫓겨나게 되었나요? 무리를 떠나는 과정에서 와니니가 느꼈을 감정은 무엇이었을까요?

3   와니니가 무리에서 쫓겨난 후 어떤 어려움(또는 위험)을 겪었나요? 그리고 그 어려움(위험)을 어떻게 극복했나요?

4   와니니가 무리에서 쫓겨난 이후 여러 위험에서 살아남을 수 있었던 이유는 무엇인가요?

5   와니니의 새로운 무리인 '푸른 무리'의 구성원은 누구인가요?

6   '푸른 무리'의 구성원은 각각 어떤 특징을 가지고 있나요?

7   마디바 무리와 와니니가 만든 무리는 어떻게 다른가요?

8   여러분은 마디바 무리와 와니니가 만든 무리 중에 선택해야 한다면 어떤 무리에 속하고 싶나요? 그 까닭은 무엇인가요?

9   작가가 이 이야기를 통해 우리에게 전하려고 하는 메시지는 무엇일까요?

10 이 책에서 말하는 '진정한 강함'은 어떤 것이라고 생각하나요?

『톰 소여의 모험』

천방지축 톰 소여의 자유와 모험을 그린 영원한 고전 동화

작　가: 마크 트웨인 (Mark Twain)

그　림: 도널드 매케이 (Donald McKay)

번　역: 지혜연

출판사: 시공주니어

출　간: 2004년 (미국·영국 1876년)

쪽　수: 371쪽

대　상: 초등 5학년~중학생

　『톰 소여의 모험』은 우리에게 너무나 친숙한 작가 마크 트웨인이 1876년에 발표한 작품으로 근대 미국 문학의 대표작으로 평가받으며 전 세계적으로 오랫동안 사랑받고 있습니다.

　이 작품은 미시시피 강가의 작은 마을을 배경으로, 장난기 많고 영리한 주인공 톰 소여가 펼치는 유쾌한 일상과 스릴 넘치는 모험을 유머러스하게 그리고 있습니다. 소년들의 천진함과 호기심, 그 속에서 드러나는 우정과 용기를 생생하게 보여주며, 19세기 미국 남부의 풍경과 당시 사회상을 사실적이면서도 따뜻하게 담아냈습니다. 자유를 향한 갈망과 어린 시절의 설렘, 그리고 그 이면에 숨겨진 인간 본성에 대한 깊은 통찰이 어우러져 독자에게 많은 재미와 깊이 생각할 거리를 동시에 안겨 주는 작품입니다.

주인공 톰 소여는 장난기 가득한 소년으로 이모 폴리와 함께 살고 있습니다. 그는 학교보다는 모험과 장난을 좋아하며 친구 허클베리 핀, 베키 대처 등과 함께 다양한 사건을 겪습니다.

이 이야기의 첫 번째 에피소드는 톰 소여가 울타리를 칠하는 장면입니다. 톰의 이모는 톰이 자꾸 말썽을 부리자 벌로 토요일에 울타리에 페인트칠을 하라고 시킵니다. 그 일이 너무 싫었던 톰은 친구들에게 울타리 칠하기가 무척 재미있는 것처럼 속여 친구들이 대신 칠하게 하고 그 대가로 장난감까지 받습니다. 이 장면은 톰이 얼마나 재치 있고 꾀가 많은지 보여주는 대목입니다.

어느 날 톰은 친구 허크는 사마귀를 없애는 미신적인 의식을 치르기 위해 한밤중에 공동묘지를 찾아갑니다. 그런데 그곳에서 인디언 조가 로빈슨 박사를 해치는 끔찍한 살인 사건을 목격하게 됩니다. 그들은 두려움에 떨며 이 사실을 아무에게도 말하지 않기로 맹세합니다. 그러나 무고한 사람이 살인 혐의를 뒤집어쓰고 처벌받을 위기에 처하자 톰은 용기를 내어 법정에서 모든 진실을 밝힙니다. 톰의 증언 덕분에 인디언 조가 진범임이 밝혀지고 톰은 마을의 영웅이 되지만, 동시에 인디언 조의 복수의 표적이 됩니다.

톰 소여는 폴리 이모에게 받는 잦은 꾸중과 학교생활의 지루함에 싫

증을 느끼고, 허클베리 핀, 조 하퍼와 함께 미시시피강 건너편의 무인도로 가출을 감행합니다. 그들의 목적은 해적이 되어 마음껏 모험을 즐기고, 동시에 자신들의 소중함과 부재에 대한 슬픔을 느끼게 하려는 것입니다. 세 소년은 어른들의 간섭에서 벗어나 자유로운 생활을 하며 낚시를 하고 불을 피우는 등 모험을 즐기지만, 마을에서는 아이들이 강에서 익사한 것으로 오해해 큰 소동이 벌어집니다. 아이들은 마을 사람들이 대대적인 수색 작업을 벌이고 자신들을 애도하며 모습을 엿보면서 만족감을 느꼈고, 마침내 마을 사람들이 자신들의 장례식을 치르기 위해 모였을 때 극적으로 나타나 모두를 놀라게 하며 동시에 기쁨을 안겨 줍니다. 톰은 이 일을 계기로 자신의 존재감을 확인합니다.

호기심 많은 톰은 베키 대처와 함께 마을 근처의 동굴에 들어갔다가 큰 위기를 맞이합니다. 동굴이 미로처럼 얽혀 있어 길을 잃게 되고 출구를 찾지 못해 며칠 동안 갇히게 된 것입니다. 출구를 찾기 위해 동굴 속을 헤매던 중 살인 사건의 범인이었던 인디언 조를 목격하게 됩니다. 인디언 조는 이전에 숨겨두었던 보물을 확인하게 위해 동물에 온 것입니다. 다행히 톰은 기지를 발휘하여 동굴을 빠져나옵니다. 마을 사람들은 더 이상의 사고를 막기 위해 동굴 입구를 쇠문으로 봉쇄하고, 인디언 조는 동굴에 갇혀 그 속에서 굶어 죽게 됩니다. 톰은 친구 허크와 다시 그 동굴에 들어가 인디언 조가 숨겨두었던 막대한 양의 보물을 찾게 되고, 이 일로 톰은 마을을 위협했던 악당을 간접적으로 제거하고 막대한 부를 획득한 영웅으로 인정받으며 이야기는 마무리됩니다.

이 작품은 톰의 모험담을 통해 문명의 억압(학교, 규칙)과 자유로운 야생(강, 숲) 사이에서 끊임없이 갈등하고 선택하는 소년의 내면을 탁월하게 묘사합니다. 톰 소여는 처음에는 장난기 많은 말썽꾸러기로 묘사되지만 살인 사건 증언이나 베키를 구하는 과정 등 일련의 사건을 겪으며 도덕적인 책임감, 용기, 정의라는 소중한 가치를 체득하고 점점 책임감 있는 소년으로 성장해 갑니다. 이 책은 마크 트웨인 특유의 생동감 넘치는 문체와 풍자적 유머가 어우러져 독자들에게 어린 시절의 순수함과 모험심을 되새기게 합니다.

어린이들은 주인공 톰과 그의 친구들이 펼치는 유쾌한 일상과 모험을 따라가며 가볍게 읽을 수 있고, 청소년이나 성인이 되어 다시 읽는다면 작품 속에 담긴 당시의 시대상과 가치관을 이해하게 되고 인물의 내면에 숨겨진 인간 본성에 대해 깊이 생각해 볼 수 있는 훌륭한 작품입니다.

- 강과 숲, 섬과 동굴을 무대로 펼쳐지는 이야기는 어린 시절의 자유로운 상상과 모험심을 자극하며, 사건 전개가 흥미롭고 장면이 뚜렷하여 독서의 즐거움을 크게 높여줍니다.

- 톰은 장난기 많고 충동적인 아이이지만, 여러 사건을 겪으며 책임감과 용기를 배워 갑니다. 학생들은 톰의 변화 과정을 따라가며 성장의 의미를 자연스럽게 이해할 수 있습니다.

- 톰과 허클베리 핀, 베키와의 관계를 통해 우정, 갈등, 화해의 과정을 살펴볼 수 있어 또래 관계를 이해하는 데 도움이 됩니다.

- 작품 속에 묘사된 생활 모습과 가치관을 통해 19세기 미국의 사회와 문화를 자연스럽게 접할 수 있어 인문적 소양을 넓혀줍니다.

함께 이야기 나눌 거리

1   이 이야기를 읽고 어떤 생각이나 느낌이 들었나요?

2   이 이야기에서 어떤 장면이나 구절이 가장 인상 깊었나요? 그 이유는 무엇인가요?

3   이 이야기의 배경은 언제, 어디인가요? 이 이야기를 통해 알 수 있는 당시의 일상생활이나 사회 모습에는 어떤 것들이 있나요?

4   이모는 왜 톰에게 울타리를 칠하라고 했나요?

5 톰은 어떻게 해서 울타리 칠하는 일을 친구들에게 맡기고 장난감까지 받을 수 있었을까요? 이 일로 보아 톰은 어떤 아이임을 알 수 있나요?

6 톰과 허크는 왜 공동묘지에 갔나요? 그곳에서 어떤 장면을 목격하나요?

7 톰과 허크가 처음에 공동묘지에서 본 일을 말하지 못한 까닭은 무엇인가요? 그리고 무엇 때문에 나중에 재판에서 진실을 밝히게 될까요?

8 톰과 베키는 왜 동굴 속에 들어갔나요? 그곳에서 어떤 어려움을 겪나요? 그곳에서 톰은 어떤 모습을 보여주나요?

9 톰과 베키는 어떻게 동굴 밖으로 무사히 나올 수 있었나요? 그리고 인디언 조는 어떻게 되나요?

10 톰과 허크는 동굴에서 무엇을 발견하나요? 그리고 그것을 어떻게 처리했나요? 이 일을 계기로 톰은 마을 사람들에게 어떤 평가를 받게 되나요?

11 여러분은 톰이 어떤 아이라고 생각하나요? 그렇게 생각하는 이유는 무엇인가요?

12 톰이 추구하는 삶은 어떤 삶이라고 생각하나요? 현재에도 톰과 같은 삶이 가능할까요?

13 어른의 입장에서(특히 이모의 입장에서) 톰이 못마땅한 것은 어떤 점인가요? 왜 둘은 계속 갈등을 할까요?

14 톰은 여러 가지 일을 겪으며 점점 무언가를 깨닫게 됩니다. 어떤 것을 깨닫게 되었을까요? 그렇게 생각하는 이유는 무엇인가요?

15 이 작품은 인간의 내면에 숨겨진 본성을 잘 드러내고 있다는 평가를 받

습니다. 어떤 본성을 드러내고 있다고 생각하나요?

16 만약 실제로 톰을 만나서 궁금한 것을 물어볼 기회가 생긴다면 어떤 질
문을 하고 싶나요?

17 이 작품에 대해 더 이야기 나누고 싶은 점이나 궁금한 점이 있나요?